WordPress
Básicas

Aplicação Prática

2025, Roy Sahupala

Nota importante

Os métodos e programas contidos neste manual são apresentados sem referência a quaisquer patentes. Destinam-se exclusivamente a amadores e a fins de estudo. Todos os dados técnicos e programas contidos neste livro foram compilados pelo autor com o maior cuidado e reproduzidos após cuidadosa verificação. No entanto, não é possível excluir completamente a existência de erros. O editor é, por isso, obrigado a assinalar que não pode assumir qualquer garantia ou responsabilidade legal pelas consequências de informações erróneas. O autor agradece ser informado, em qualquer altura, de eventuais erros.

Os nomes de software e hardware mencionados neste livro, bem como as marcas das empresas envolvidas, estão, na sua maioria, protegidos por marcas de fabricante, marcas registadas ou direito de patentes.

Autor: R.E. Sahupala
ISBN/EAN: 979-8-89686-153-9
Primeira edição: 01-01-2025
Versão: 01-25
Código NUR: 994
Editorial: WJAC
Sítio Web: www.wp-books.com/basics

Com agradecimentos especiais a:
À minha adorável esposa Iris van Hattum e ao nosso filho Ebbo Sahupala.

ÍNDICE

INTRODUÇÃO

Quer criar um site Web profissional de forma independente, sem conhecimentos técnicos e com conteúdos que mudam regularmente? Então, rapidamente acabará por optar por um Sistema de Gestão de Conteúdos. Existem vários sistemas de gestão de conteúdos, incluindo o WordPress.

A razão pela qual escolho o WordPress depende de vários factores. Para mim, enquanto web designer, a razão mais importante é a facilidade de utilização e manutenção do sistema. Um web designer pode instalar este sistema rapidamente e a sua manutenção é fácil. Isto permite que um cliente comece a trabalhar imediatamente.

Para criar um site com o WordPress, pode escolher entre vários temas gratuitos disponíveis. Neste livro, vou mostrar-lhe como instalar, configurar e gerir o WordPress. Também lhe mostrarei como alargar o sistema com plugins para formulários, galerias, media, cópias de segurança e otimização de motores de busca.

Para trabalhar com o WordPress de forma rápida e fácil, é útil ter um servidor Web no seu próprio computador. Com alguns passos simples, vou mostrar-lhe como fazer com que um computador funcione como um servidor Web. Em seguida, mostro-lhe como mover um site Web WordPress para a Internet.

Este livro fornece uma base sólida para explorar o WordPress por conta própria. Quer se aprofundar ainda mais no WordPress? Então visite www.wordpress.org.

Todos os exercícios deste livro são práticos. Apresento apenas os mais essenciais, não contêm descrições supérfluas e são imediatamente aplicáveis. Mais informações: **www.wp-books.com/basics**.

São fornecidas explicações para os utilizadores de MacOS e Windows.

A quem se destina este livro?

▸ Para aqueles que querem criar um site WordPress de forma independente.

▸ Para quem não quer depender de programadores.

▸ Para quem não tem conhecimentos de programação.

▸ Para estudantes de multimédia.

▸ Para editores web.

▸ Para quem quer criar o seu próprio weblog/site.

Dica: não tenha pressa! Leia um capítulo com atenção antes de se sentar ao computador.

Consumíveis

Para desenvolver um site Web WordPress, é necessário: um servidor Web ou um anfitrião Web, a versão mais recente do WordPress e um navegador de Internet.

Com um **servidor Web local**, pode desenvolver um site WordPress no seu próprio computador. Neste livro, mostro-lhe, passo a passo, como instalar e utilizar um servidor Web no seu próprio computador. Depois de desenvolver um site WordPress, publique o resultado na Internet. Para tal, é necessário um **alojamento Web**.

Utilizando um navegador de Internet, liga-se ao sistema CMS. Este programa é necessário para fornecer ao WordPress o conteúdo necessário.

É aconselhável instalar mais do que um navegador, porque algumas funções do WordPress podem não funcionar no seu navegador favorito. Se for esse o caso, pode mudar rapidamente para outro navegador.

Todos os exercícios deste livro foram testados no Firefox, Safari, Google Chrome e Microsoft Edge. Utilize sempre a versão mais recente.

Objetivo deste livro

Este livro é adequado para qualquer pessoa que queira utilizar o Word-Press de uma forma prática e rápida, sem conhecimentos técnicos.

Este livro explica como instalar o WordPress no seu computador, mas também na Internet. Uma das vantagens da instalação local (wordpress no seu computador) é o facto de poder experimentar antes de publicar o resultado na Internet.

Este livro fornece apenas as explicações essenciais e, depois de ganhar experiência suficiente com o WordPress, pode explorar mais o sistema por si próprio.

Para mais informações sobre o WordPress, existem livros avançados, como **WordPress - Advanced, WordPress - Gutenberg, WordPress - Classic Theme** e **WordPress - Block Theme** (novo formato de tema). Para criar uma loja virtual, pode utilizar o livro **WordPress - WooCommerce**.

Para mais informações, visite: **wp-books.com**.

SERVIDOR WEB NO COMPUTA-DOR

O WordPress é um sistema CMS que pode ser instalado diretamente na Internet. Um servidor de Internet deve então suportar PHP e MYSQL. A maioria dos fornecedores de alojamento web oferece este serviço. No entanto, é aconselhável desenvolver primeiro um site Web no seu próprio computador antes de o colocar na Internet.

As vantagens de criar um site Web WordPress no seu próprio computador são as seguintes

▸ Não depende de um nome de domínio ou de um alojamento web.
▸ Por conseguinte, a produção é mais rápida.
▸ Tem sempre uma cópia de segurança depois de o site estar online.
▸ Pode fazer experiências com um sistema local antes de aplicar determinadas operações a um sistema remoto (Internet).

A instalação do WordPress no seu próprio computador requer a utilização de PHP e de uma base de dados MySQL.

PHP significa Hypertext Preprocessor (pré-processador de hipertexto), que é uma linguagem de script de código aberto do lado do servidor. O PHP é responsável pelo funcionamento do sistema. Pense nele como o motor do seu site Web.

O MySQL encarrega-se do armazenamento de dados: conteúdo, configuração e outras informações do site. Quer saber mais sobre PHP e MySQL? Então, há muitos textos e explicações na Internet.

Instalar um servidor Web no seu próprio computador parece ser um processo complicado. Resume-se à instalação de um programa. Uma vez ativado o programa, é possível instalar e gerir o WordPress no seu próprio computador. Desta forma, só você poderá aceder ao seu site WordPress. Existem vários programas de servidor web disponíveis.

Tanto o **LOCAL** como o **MAMP** estão disponíveis para MacOS e Windows.

Com LOCAL, só pode instalar sites WordPress.
Com o MAMP, pode instalar vários sites CMS, incluindo o WordPress.

Abra um navegador da Web e vá para **localwp.com**.

O LOCAL também instala o Apache, o MySQL e o PHP.

Aceda à opção de menu Transferências. Aparecerá uma janela pop-up.

Selecione a versão do **MacOS** ou do **Windows**.

Preencha os dados necessários e clique no botão **Get it now!**

As secções seguintes explicam como instalar o LOCAL e o MAMP num computador MacOS ou Windows.

Se já tem um servidor Web no seu computador e está familiarizado com a instalação de um sistema CMS, pode saltar para o capítulo *INSTALAR O WORDPRESS NO SEU PRÓPRIO COMPUTADOR*.

Se pretender instalar o Wordpress na Internet, vá para o capítulo *INSTA-LAR O WORDPRESS NA INTERNET*.

SERVIDOR WEB PARA MACOS

Leia o capítulo antes de instalar o LOCAL!
O software não é instalado através da App Store.

Aceda a **Aplicações > Preferências** do sistema **Definições.app**.

Clique em **Privacidade e segurança**.
Active a opção: **App Store e programadores identificados**.

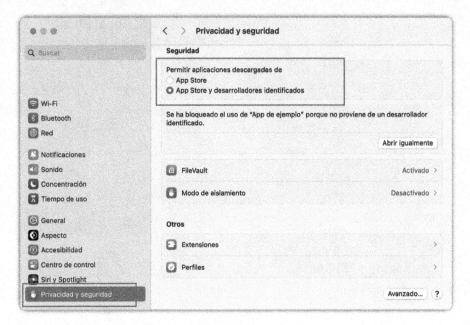

Pode então instalar o programa LOCAL.

Quando o LOCAL for transferido, verá um ficheiro **.dmg** na pasta **Transferências**.

Faça duplo clique em **local-9.1.0-mac.dmg**
para abrir o ficheiro. Aparecerá a seguinte
janela.

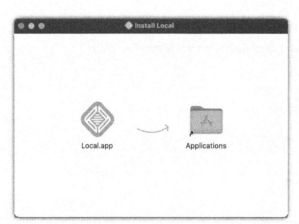

A partir desta janela, arraste **Local.app** para a
pasta **Applications**
(pasta App).

Parabéns! O LOCAL está
instalado.

Início LOCAL

Aceda a **Apps > LOCAL**
e inicie o programa.

Como pode ver, o Finder pedirá permissão antes de continuar. Clique em **Abrir**.

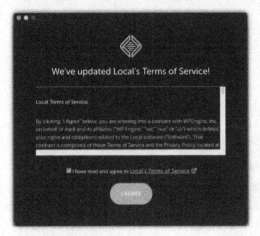

Aceitar os termos e condições e clicar no botão **I AGREE**.

Aparece uma nova janela.

Não é necessário criar uma conta. Clique na cruz branca no canto superior direito para passar à janela seguinte.

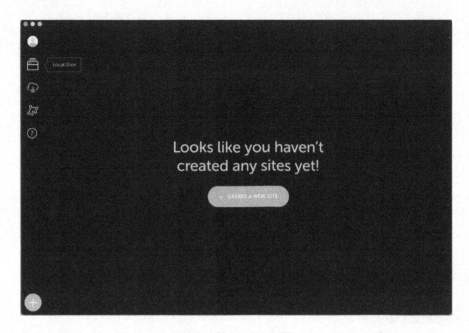

Antes de continuar com a instalação do WordPress, vai ter de fechar o programa. Aceda ao **Menu principal > Local > Sair** ou utilize a combinação de teclas **Command+Q**.

Dica: a partir de agora, vai utilizar a aplicação LOCAL com mais frequência, pelo que é útil criar um atalho na Dock do MacOS.

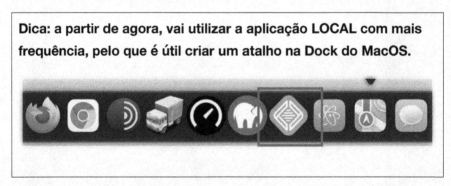

O servidor Web está instalado. No capítulo INSTALAR O WORDPRESS, continuamos com o programa LOCAL.

Se quiser saber mais sobre o LOCAL, vá a *www.localwp.com*.

Se a instalação LOCAL falhar, utilize a aplicação MAMP.
Aceda a *www.mamp.info*.

1. Descarregar **MAMP & MAMP PRO** - MacOS.
2. Clique duas vezes no arquivo .pkg na pasta de **download**.
3. Siga o processo de instalação.

Dica, depois de instalar o MAMP, terá 2 programas *MAMP* e *MAMP PRO*.

Pode utilizar o MAMP gratuitamente. Ele está localizado na pasta **Apps > MAMP**.

A versão Pro requer uma licença. No capítulo *Instalar o WordPress manualmente com o MAMP*, vai ler como instalar o WordPress.

SERVIDOR WEB PARA WINDOWS

Leia este capítulo cuidadosamente antes de instalar o LOCAL.
Depois de descarregar o software, encontrará o **LOCAL-9.1.0-windows** na pasta de descarregamento (o número indica a versão). Faça duplo clique no ficheiro para iniciar a instalação. Aparecerá a seguinte janela.

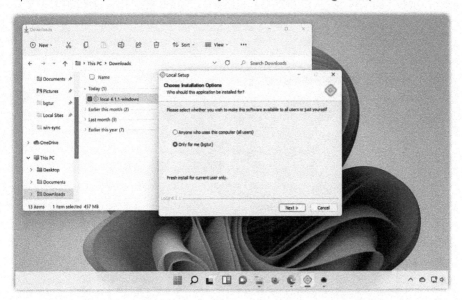

Qualquer que seja a sua escolha, clique em **Seguinte >** para continuar.

Esta janela apresenta o caminho de instalação. Clique em **Instalar**.

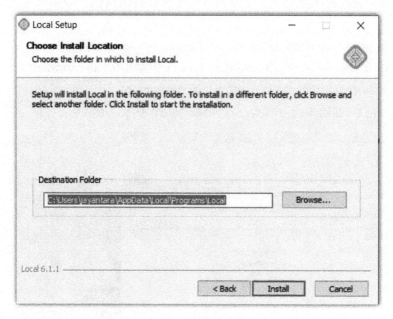

Está na hora do café ou do chá.

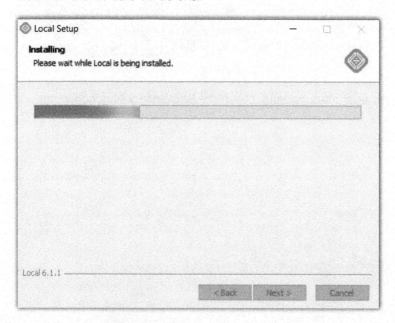

Durante a instalação, ser-lhe-á pedido que autorize o programa a efetuar alterações no seu computador. Neste caso, selecione sempre **Sim**. O processo de instalação será então iniciado.

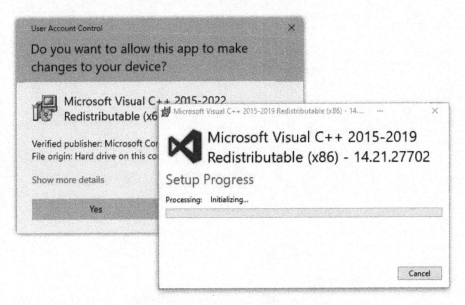

Dependendo da sua versão do Windows, este processo pode ser repetido.

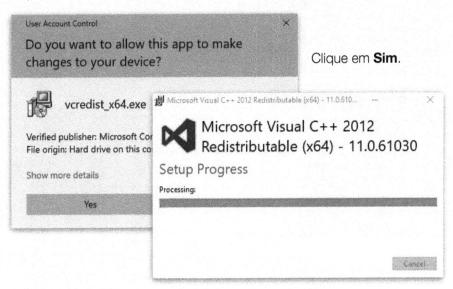

Clique em **Sim**.

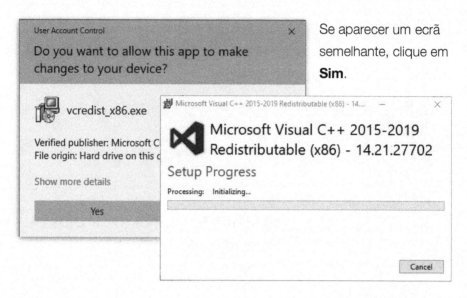

Se aparecer um ecrã semelhante, clique em **Sim**.

Instalação concluída.

Parabéns. LOCAL está instalado.

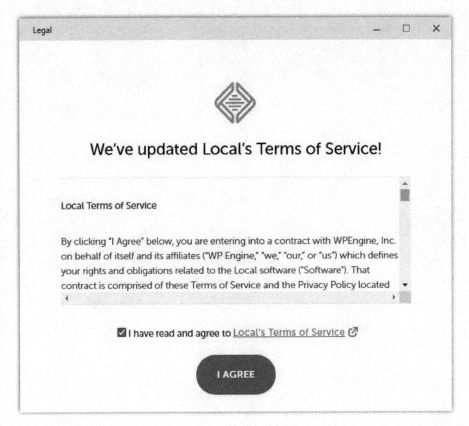

Aceitar os termos e condições e clicar no botão **I AGREE**.

Na janela pop-up **Relatório de erros**, clique no botão **Não**.

Local pergunta se pretende criar uma conta. Isto não é obrigatório. Clique na cruz branca no canto superior direito para ir para a janela seguinte (não clique na cruz para sair do programa).

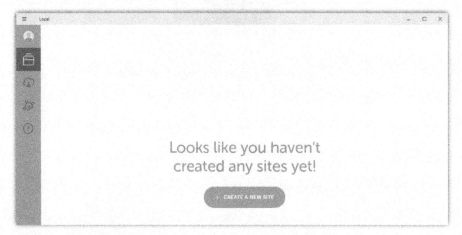

A partir desta janela, pode instalar sites WordPress. Antes de o fazer, feche primeiro o programa LOCAL.

Pode fazê-lo clicando na cruz no canto superior direito ou no menu principal.

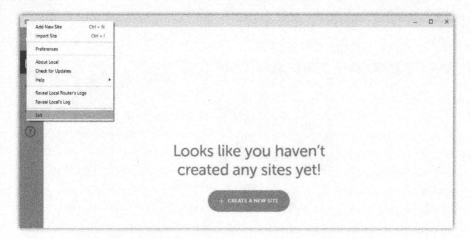

Aceda ao **menu principal > Local > Sair** ou utilize a combinação de teclas **Ctrl+Q**.

Sugestão: no futuro, irá utilizar frequentemente o LOCAL, pelo que é aconselhável criar um atalho na barra de tarefas ou no ambiente de trabalho.

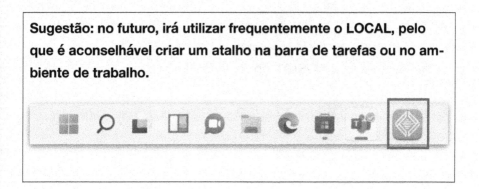

Início LOCAL

Iniciar o programa LOCAL. Aceder a Iniciar. Local pode ser encontrado em **Adicionados recentemente**, na categoria **L** ou utilize o **campo de pesquisa**.

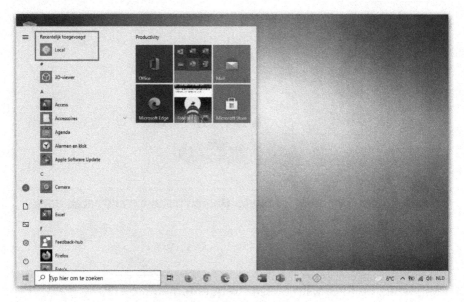

Quando o programa é iniciado, aparece uma janela LOCAL.
O **Apache**, o **Php** e o **MySQL** são activados em segundo plano.

No próximo capítulo *INSTALAR O WORDPRESS*, continuará com o programa LOCAL.

Se quiser saber mais sobre a configuração e as caraterísticas do LOCAL, vá a *localwp.com*.

Se a instalação LOCAL falhou, utilize o programa MAMP.
Aceder a *mamp.info*.

1. Descarregar **MAMP & MAMP PRO** - Windows.
2. Clique duas vezes no arquivo **.exe** na pasta de download.
3. Siga o processo de instalação.

Dica, depois de instalar o MAMP, terá 2 programas *MAMP* e *MAMP PRO*.

Pode utilizar o MAMP gratuitamente. Ele está localizado na pasta **Apps >
MAMP**. A versão Pro requer uma licença. No capítulo *Instalar o WordPress
manualmente com o MAMP*, lerá como instalar o WordPress.

INSTALAR WORDPRESS

De acordo com o WordPress.org:

"O WordPress é um software concebido para todos, com foco na acessibilidade, desempenho, segurança e facilidade de utilização. Acreditamos que um bom software deve funcionar com o mínimo de configuração, para que se possa concentrar em partilhar a sua história, produto ou serviços gratuitamente. O software WordPress básico é simples e previsível, o que facilita o arranque. Também oferece funcionalidades poderosas para o crescimento e o sucesso."

O WordPress é um sistema de gestão de conteúdos (CMS) de fonte aberta para blogues. Devido à sua facilidade de utilização e interface amigável, a sua popularidade disparou. O WordPress é utilizado por 43% de todos os sites Web na Internet. Entre todos os sistemas CMS de código aberto, o WordPress é o número um. Em WordPress.org pode ver quais as empresas e instituições que escolheram este sistema.

As vantagens do WordPress são:

▸ Devido à sua natureza não técnica, o sistema é rápido de compreender e, por conseguinte, fácil de gerir.
▸ O WordPress pode ser instalado numa questão de minutos.
▸ O WordPress é relativamente estável e seguro.
▸ O WordPress está em constante desenvolvimento.
▸ É fácil atualizar o WordPress para a última versão estável.
▸ A expansão do sistema é feita com a ajuda de plugins.
▸ No momento em que escrevo, existem 60.042 plugins disponíveis.
▸ Existem milhares de temas (modelos) WordPress disponíveis.
▸ Um tema pode ser alterado rapidamente, mantendo o conteúdo.
▸ Com conhecimentos de HTML e CSS, é possível criar os seus próprios temas WordPress ou adaptar um tema às suas próprias necessidades.
▸ O WordPress tem uma grande comunidade, o que o torna uma óptima fonte de conhecimento. Útil para perguntas e respostas.

A partir de janeiro de 2022, foi lançado o WordPress 5.9. Esta versão traz melhorias ao Editor de Blocos, interações mais intuitivas e maior acessibilidade, entre outras. Esta versão introduz o primeiro tema de blocos chamado Twenty Twenty-Two.

O WordPress centra-se na criação de um blogue. Como web designer, utilizo pouco esta opção. Na minha experiência, os clientes estão mais interessados em criar um site Web informativo do que um blogue. Mas, claro, também mostro como funciona a componente de blogue.

Neste livro, mostro de forma prática como configurar rapidamente um site WordPress. Como criar um site padrão e como utilizar a funcionalidade padrão de Blogue.

WordPress no seu próprio computador

Um site Web WordPress pode ser instalado no seu próprio computador. Desta forma, não está dependente de um alojamento web. Para isso, pode utilizar o programa **LOCAL** ou **MAMP**, entre outros. A sua utilização é gratuita.

Dois métodos para instalar o WordPress no seu próprio computador:

1. Uma instalação **automática** do WordPress usando LOCAL.
2. Uma instalação **manual** do WordPress usando o MAMP.

Instalar o WordPress automaticamente com LOCAL

Utilizando o LOCAL, pode instalar o WordPress de forma rápida e fácil. As instruções deste livro aplicam-se ao Windows e ao MacOS.

Abra o programa **LOCAL**.

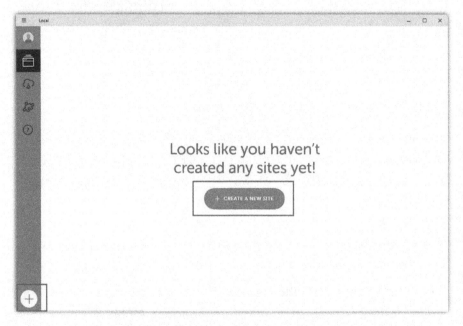

Clique no botão **+ CREATE A NEW SITE** ou no ícone **+** no canto inferior esquerdo da janela.

Nota: Durante o processo de instalação, o sistema informático (Windows ou Mac) pode pedir autorização para que o Local possa efetuar alterações. Neste caso, dê sempre a sua autorização.

Siga o procedimento de instalação. Em seguida, clique no botão **CONTI-NUE**.

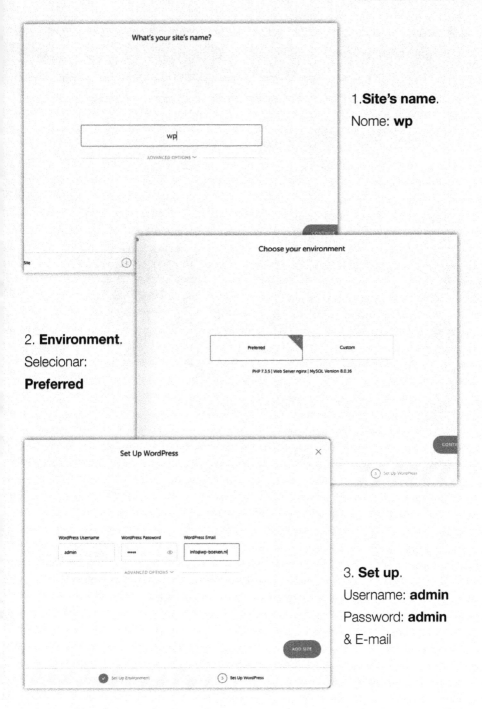

1.Site's name.
Nome: **wp**

2. Environment.
Selecionar:
Preferred

3. Set up.
Username: **admin**
Password: **admin**
& E-mail

A razão pela qual foi escolhido o nome de utilizador e a senha admin é porque se trata de uma instalação local. O site não está online e só pode ser acedido por si. Depois de o site ser exportado para um alojamento web (Internet), é aconselhável alterar o nome de utilizador e a senha.

A instalação do WordPress demora alguns minutos.

O Windows ou Mac pode pedir permissão para alterar o sistema. Neste caso, clique sempre em **Sim** ou **OK**.

Aparecerá então a seguinte janela. O nome do site é apresentado no lado esquerdo. Se tiver instalado mais sites, verá uma lista de nomes. Além disso, é apresentada uma visão geral do site selecionado.

Nesta janela, verá Um botão **STOP SITE** (canto superior direito) que é utilizado para *ativar* ou *desativar* um site.

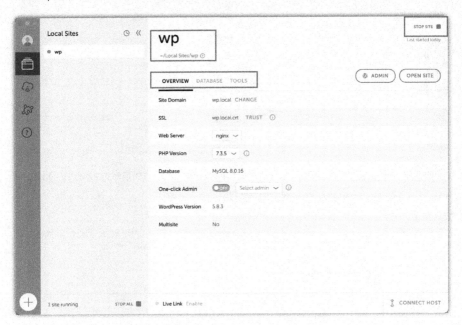

O **título** com uma ligação em **~/Local Sites/wp >**.
Refere-se a uma pasta no local de instalação.

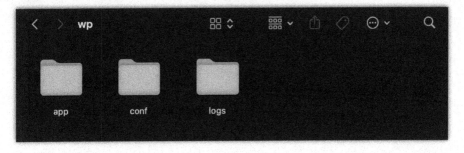

A pasta **wp** está localizada na pasta de utilizador do Windows ou do MacOS. A pasta **app > public** contém os ficheiros principais do WordPress.

Além disso, verá 3 separadores: **OVERVIEW, DATABASE** y **TOOLS**. Aqui encontrará informações sobre o site e uma ligação à base de dados relevante.

O botão **OPEN SITE** no canto superior direito permite-lhe visualizar o local. O URL do site é wp.local, um endereço local.

Isto indica que o site está instalado no seu computador.

LOCAL instala um site WordPress predefinido, que pode ser facilmente personalizado ou convertido para outro idioma. No capítulo CONFIGURA-ÇÕES BÁSICAS, CONTEÚDO E AJUSTE, aprenderá a navegar na secção de administração do WordPress e a alterar o idioma do site.

O botão **ADMIN** dá-lhe acesso à secção de administração.

Username or Email Address

Password

☐ Remember Me   Log In

Lost your password?

← Go to wp

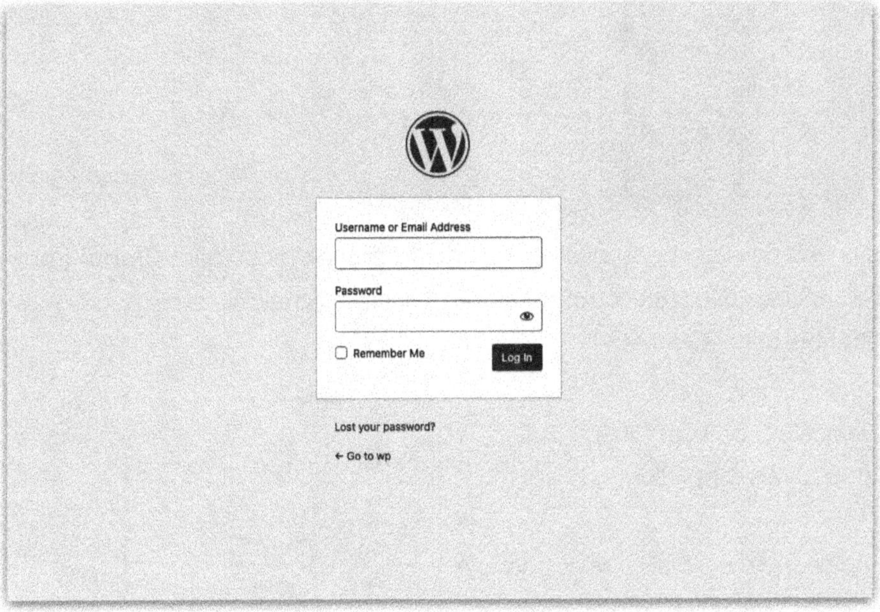

O URL da área de administração é *wp.local/wp-admin*.

Pode instalar sites WordPress quantas vezes quiser.

Na lista de sites, pode clicar com o botão direito do rato para **Clonar** (duplicar) sites, **Guardar como Blueprint** (instalação inicial), entre outros, **Renomear** e **Eliminar**.

Sugestão: Crie um Blueprint depois de alterar o idioma do site.

Ao criar um novo site, selecione **Criar a partir de um Blueprint** e escolha o seu **Blueprint**. Não é necessário modificar o idioma do site depois disso.

Para obter mais informações sobre as definições e funções LOCAL, visite *www.localwp.com*.

Instalação manual do WordPress com o MAMP

Para aqueles que utilizam outro servidor Web, como o MAMP, vou mostrar-vos como instalar o WordPress. A instalação do WordPress com um web host também pode ser feita de forma automática ou manual. É aconselhável que os utilizadores LOCAIS passem por este método de instalação.

Inicie o **MAMP** (não a versão PRO). Em seguida, clique no botão **Start**.

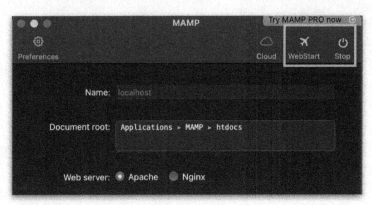

Abra a página inicial do MAMP com o botão **WebStart**.

Criar uma base de dados MySQL.
Isto é feito utilizando **Tools > phpMyAdmin**.

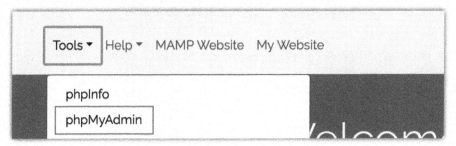

Aparecerá uma janela do **phpMyAdmin**.

1. A janela phpMyAdmin permite-lhe criar e gerir uma base de dados.
Clique no separador **Bases de dados**.

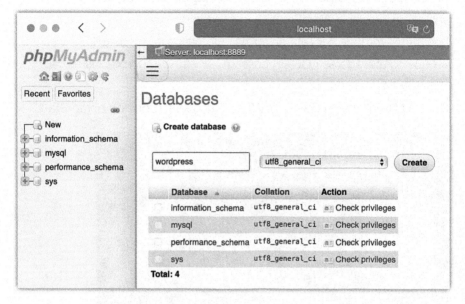

2. Aceda a **Criar nova base de dados**.
Dê um nome à base de dados, por exemplo, **wordpress**.
Clique no botão **Criar**.

Parabéns! Foi criada uma base de dados com o nome wordpress. O nome da base de dados aparece à esquerda na janela acima.

A primeira parte está concluída. Agora, passe para a instalação do Word-Press.

1. Abra um navegador da Web e aceda a **wordpress.org**. Descarregue a versão mais recente do WordPress.

Quando a transferência estiver concluída, encontrará o ficheiro **.zip** na pasta **Transferências** (para Windows e MacOS).

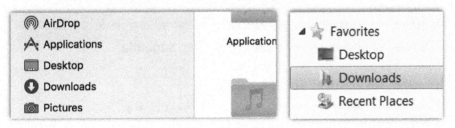

Extraia o ficheiro .zip. Nota: Renomeie o arquivo wordpress extraído para **wp**.

2. Coloque a pasta **wp** na raiz do seu servidor. Nota: não é o ficheiro zip que descarregou. Para utilizadores MAMP, esta é a pasta **htdocs**.

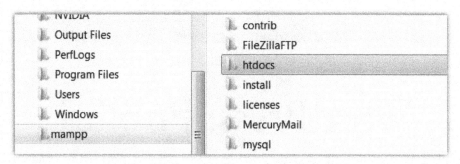

3. Abra a página inicial do MAMP com o **WebStart**.

   Clique em **My Website > wp**.

Ou abra um navegador Web e aceda a este endereço: URL: **http://localhost:8888/wp**.

4. Aparecerá a seguinte janela. Clique em Criar ficheiro de configuração. Se não vir esta janela, avance para o passo **seguinte**.

> There doesn't seem to be a wp-config.php file. I need this before we can get started.
>
> Need more help? We got it.
>
> You can create a wp-config.php file through a web interface, but this doesn't work for all server setups. The safest way is to manually create the file.
>
> [Create a Configuration File]

5. O WordPress indica que é necessário ter as informações em mãos para continuar com a instalação. Estas informações serão indicadas nos passos seguintes.

Welcome to WordPress. Before getting started, we need some information on the database. You will need to know the following items before proceeding.

1. Database name
2. Database username
3. Database password
4. Database host
5. Table prefix (if you want to run more than one WordPress in a single database)

We're going to use this information to create a wp-config.php file. If for any reason this automatic file creation doesn't work, don't worry. All this does is fill in the database information to a configuration file. You may also simply open wp-config-sample.php in a text editor, fill in your information, and save it as wp-config.php. Need more help? We got it.

In all likelihood, these items were supplied to you by your Web Host. If you do not have this information, then you will need to contact them before you can continue. If you're all ready...

Let's go!

Clique em **Vamos a isso!**

6. Aparecerá a seguinte janela.

Nos campos de texto, utilize as mesmas informações.

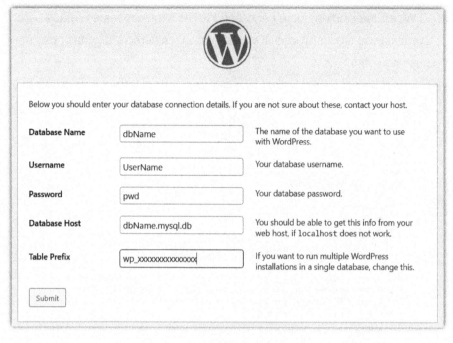

Nome da base de dados: **wordpress**

Nome do utilizador: **root** (para utilizadores MAMP)

Senha: **root** (para utilizadores MAMP)

Anfitrião da base de dados: **localhost**

Prefixo do quadro: **123wp_** (nota, termina com underscore_)

Clique em **Submeter**.

Para os utilizadores MAMP, o nome de utilizador e a senha predefinidos da base de dados são "root, root".

Um pouco mais sobre o prefixo de tabela. É possível ligar dois sites Wordpress a uma base de dados. Por isso, é utilizado um Prefixo (prefixo) durante a instalação. Graças a um Prefixo, um site Wordpress pode obter os dados corretos da base de dados. O prefixo predefinido do WordPress é wp_.

Uma vez que esta predefinição também é conhecida pelos hackers, é aconselhável alterar o prefixo **wp_**. Por isso, utilize um prefixo diferente, por exemplo **123wp_** (Nota: utilize um sublinhado_ a seguir).

7. Aparece uma nova janela.

> All right, sparky! You've made it through this part of the installation. WordPress can now communicate with your database. If you are ready, time now to...
>
> Run the installation

Clique em **Efetuar a instalação**.

8. Aparece a seguinte janela.

Título do site:	Título do seu site
Nome do utilizador:	admin
Senha:	admin
Confirmar a senha	Veja só!
Endereço eletrónico:	Endereço eletrónico
Motor de busca... :	Ainda não ativado

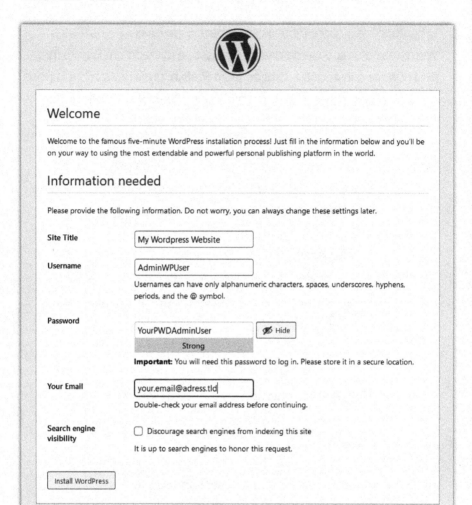

9. Em seguida, clique em **Instalar o WordPress**.

10. Parabéns. O WordPress está instalado. Clique em **Login**.

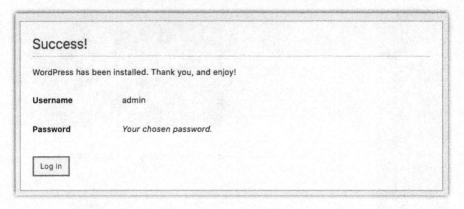

11. Utilize **admin** como nome de utilizador e senha e clique em
    Iniciar sessão.

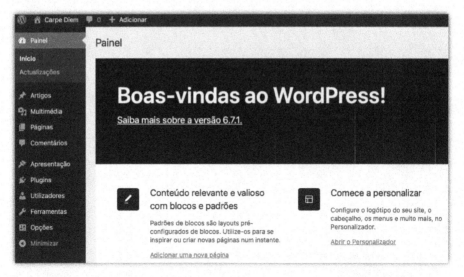

12. Na secção de administração do WordPress, pode configurar ainda mais o seu site. Para mais instruções, consulte o capítulo *CONFIGURAÇÕES DO WORDPRESS*.

13. **Visitar site**, vá para o canto superior esquerdo. Ou abra uma nova janela do browser e utilize o endereço abaixo (claro que o seu servidor tem de estar ativo). URL: **http://localhost:8888/wp**.

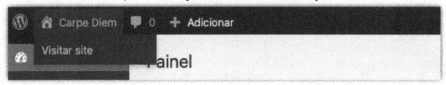

14. Aceda a **Olá, Blogger** (canto superior direito) e selecione **Terminar sessão**.

Carpe Diem   Home   Maecenas   Vivamus ⌄   Lorem ipsum

Blog

Hello world!

Welcome to WordPress. This is your first post. Edit or delete it, then start writing!

november 8, 2023

Carpe Diem

Blog	Events
About	Shop
FAQs	Patterns
Authors	Themes

© 2024   Designed with WordPress

INSTALAR WORDPRESS E INTERNET

A instalação do WordPress na Internet é feita exatamente da mesma forma que a instalação do WordPress no seu próprio computador (ver capítulo: Instalar o WordPress). Naturalmente, para uma instalação online, é necessário um **nome de domínio** e **espaço no servidor**. Estes podem ser encomendados a um fornecedor de alojamento web.

O pré-requisito para uma instalação online do WordPress é que o seu alojamento web tenha **PHP** (versão 7.4 ou superior) e **MySQL** (versão 8.0 ou superior). Tem um alojamento adequado? Então pode começar imediatamente. Ainda não tem domínio nem alojamento? Então vá, por exemplo, a **ionos.com**.

IONOS

Depois de se inscrever para obter um nome de domínio e um alojamento Web, receberá os dados necessários. Não sabe se foi criada uma base de dados para si? Não sabe como fazê-lo? Então, contacte o seu fornecedor de alojamento web. Explique que pretende instalar um site WordPress e que gostaria de saber o seguinte:

▸ Posso instalar o Wordpress com um instalador de aplicações?
▸ Se não, existe uma base de dados disponível e com que nome?
▸ Qual é o nome de utilizador da minha base de dados?
▸ Qual é a senha da minha base de dados?
▸ Como posso aceder ao phpMyAdmin?

O que é difícil para uma instalação online do WordPress é criar uma **base de dados** e encontrar o **phpMyAdmin**. Utilizando LOCAL ou MAMP, isto não é um problema, mas quando pretende criar uma base de dados online, está dependente do seu fornecedor de alojamento Web.

A maioria dos anfitriões Web tem documentação extensa sobre gestão de bases de dados, mas um contacto pessoal é sempre mais rápido.

O alojamento de bases de dados não significa necessariamente que já tenha sido criada uma base de dados para si. É possível que o seu fornecedor de alojamento já tenha criado uma base de dados. Noutros casos, terá de a criar você mesmo.

Nas secções seguintes, descrevo dois métodos de instalação:

Instalar o Wordpress **COM** o instalador de aplicações. **Método 1.**
Instalar o Wordpress **SEM** o instalador da aplicação. **Método 2.**

No capítulo *MIGRAÇÃO DE UM SITE LOCAL PARA A INTERNET*, descrevo como transferir um site WordPress do seu computador para a Internet. Ou seja, de um ambiente **local** para um ambiente **remoto**.

Instalar o WordPress com um instalador, método 1

A maioria dos anfitriões Web tem um painel de controlo com um instalador de aplicações. Trata-se de uma parte do painel de controlo que lhe permite instalar um sistema CMS, como o WordPress, numa questão de minutos e sem quaisquer conhecimentos técnicos.

1. Inicie sessão na sua conta **IONOS** e clique em **Menu > Websites & Stores**.

2. Em seguida, clique em **Popular open source solutions**.

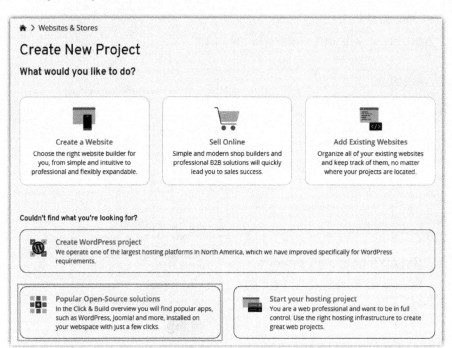

3. En la página **Click & Build Overview**, encontrarás una lista de las aplicaciones disponibles. Ve a **WordPress** y haz clic en **Instalar**.

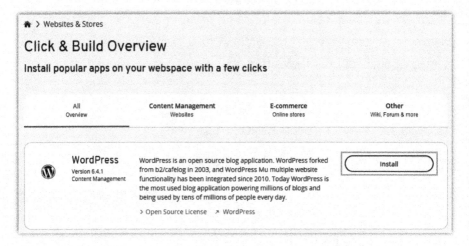

4. Em seguida, clique em **Manage WordPress yourself**.

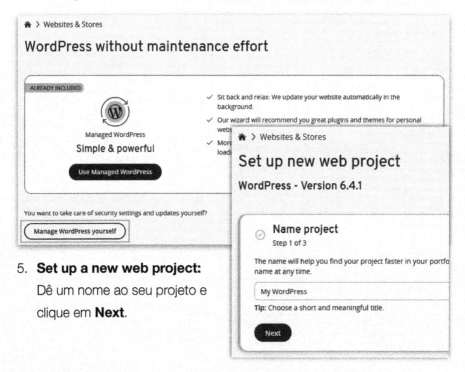

5. **Set up a new web project:** Dê um nome ao seu projeto e clique em **Next**.

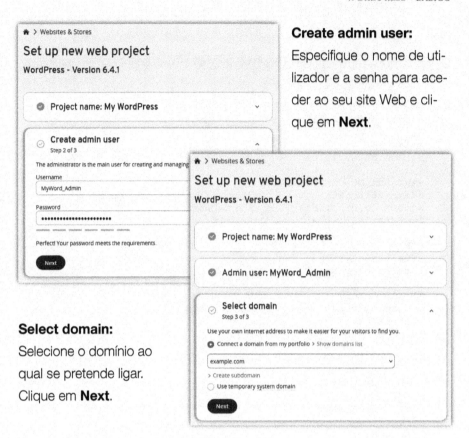

Create admin user:
Especifique o nome de utilizador e a senha para aceder ao seu site Web e clique em **Next**.

Select domain:
Selecione o domínio ao qual se pretende ligar.
Clique em **Next**.

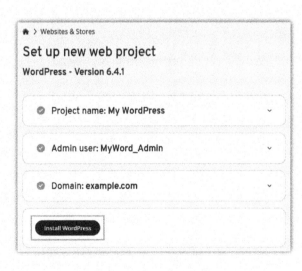

Para iniciar a instalação, clique em **Install WordPress**.

Assim que a instalação estiver concluída, receberá uma notificação por correio electrónico.

Instalar o WordPress sem um instalador, método 2

O seu fornecedor de alojamento Web enviou-lhe os seguintes dados.

```
Información técnica para http://www.website.com

WWW:
Dirección de la página de inicio: http://www.website.com

PANTALLA DE CONFIGURACIÓN:
Administración:          https://www.website.com:8443
Nombre de usuario:       your_website.com
Contraseña:              1abCdeFg

FTP:
Para transferir su sitio web a nuestro servidor, necesi-
tará un programa FTP.

Alojamiento:             ftp.su_sitio.com
Nombre de usuario:       your_username
Contraseña:              2abCdeFg

CORREO ELECTRÓNICO:
Servidor POP3: pop.your_website.com
Servidor SMTP: http://www.your_host.com/n5
Correo web: http://www.your_host.com

ESTADÍSTICAS:
Dirección: https://www.your_host.com/st
Nombre de usuario: your_website.com
Contraseña: 3abCdeFg
```

Neste caso, é necessário criar primeiro uma **base de dados**. Em seguida, **instalar** o Wordpress. A base de dados é criada através de uma **janela de configuração** (também é possível que o seu fornecedor de alojamento web já tenha criado uma base de dados. Nesse caso, o nome da base de dados, o nome de utilizador e a senha da base de dados são conhecidos).

Os dados importantes do alojamento web são:

▸ Detalhes do **FTP**.

▸ Janela de configuração: Uma página de gestão a partir da qual o próprio utilizador pode gerir questões relacionadas com o site, tais como gerir endereços de correio eletrónico e criar bases de dados. Por vezes designada por **painel de controlo**.

Verá então uma janela de configuração chamada **Plesk**.

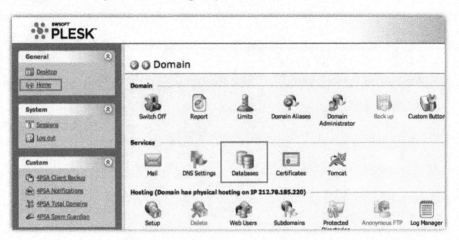

A criação de uma base de dados pode variar de um alojamento web para outro. O mais importante é que tem de ser você a criar a base de dados a partir de uma **janela de configuração**. O objetivo é procurar um **ícone de base de dados** a partir de um painel de controlo. Quando o encontrar, criará uma base de dados. Normalmente, uma ligação para o phpMyAdmin estará activada e visível. Partindo do princípio de um ambiente Plesk, vou explicar como criar uma base de dados.

O seu fornecedor de alojamento web não utiliza o Plesk? Então o método descrito dá-lhe, pelo menos, uma ideia do que deve considerar. Os passos para criar uma base de dados são mais ou menos os mesmos.

1. Abra um browser e aceda ao URL (ligação) da sua **janela de configuração**. Inicie sessão com os dados do seu anfitrião Web.

2. Clique em **Início**, depois no seu **nome de domínio** e depois em **Bases de dados**.

3. Nesta janela, clique em **Adicionar nova base de dados**.

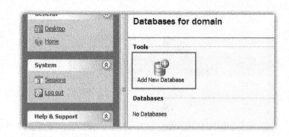

4. Em N**ome da base de dados**: especifique o nome da base de dados pretendida.
Tipo = **MySQL**.
Em seguida, prima **OK**.

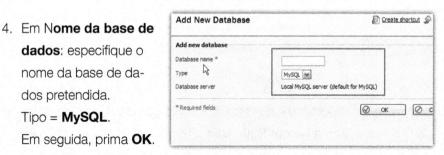

5. Recriar um utilizador da base de dados clicando em **Adicionar novo utilizador da base de dados**.

6. Em **Nome do utilizador da base de dados**: introduza um nome de utilizador. Introduza uma senha em **Nova senha** e **Confirmar senha**. Prima **OK**.

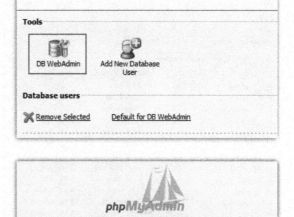

7. A sua base de dados foi criada. Clique em: **DB WebAdmin**

Verá um painel **phpMyAdmin** numa nova janela.

8. Pode desligar-se agora.

9. Instalar o WordPress.

Pode seguir todos os passos de instalação 1 a 11 aqui.

Naturalmente, deve utilizar os dados da sua própria base de dados para o fazer.

As informações seguintes são importantes para si:

▸ Dados FTP.

▸ Dados MySQL.

▸ Endereço URL do phpMyAdmin.

Proceda da seguinte forma: **Descarregue** a versão mais recente do WordPress. **Carregue** o **conteúdo** descompactado desta pasta diretamente para a raiz do seu servidor. Para o efeito, utilize um programa FTP.

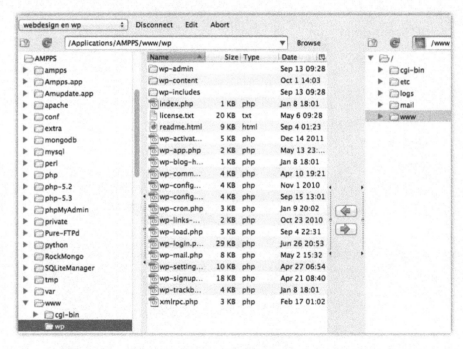

Assim que o conteúdo do WordPress tiver sido carregado para o seu alojamento web, pode começar a instalar o site.

1. Abra um browser e aceda a **http://www.your-website.com/wp-admin**.

2. Aparecerá a seguinte janela. Clique no botão **Criar ficheiro de configuração**.

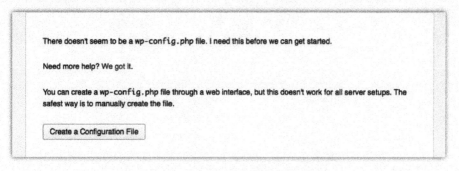

3. O WordPress indica que é necessário ter informações à mão para continuar com a instalação. Estas informações serão indicadas nos passos seguintes. Clique em **Vamos começar**.

4. Verá a janela abaixo. Utilize os dados do seu fornecedor de alojamento.

Below you should enter your database connection details. If you are not sure about these, contact your host.

Database Name	dbName	The name of the database you want to use with WordPress.
Username	UserName	Your database username.
Password	pwd	Your database password.
Database Host	dbName.mysql.db	You should be able to get this info from your web host, if localhost does not work.
Table Prefix	wp_xxxxxxxxxxxxxx	If you want to run multiple WordPress installations in a single database, change this.

Submit

Nombre de la base de datos: Nombre_base_de_datos

Nome de utilizador: Nome de utilizador da base de dados

Senha: Senha da base de dados

Nome do anfitrião: Localhost

Prefixo da tabela: Por exemplo 123wp_ (nota com underscore_)

Clique em **Submeter**.

Prefixo da tabela: É possível ligar vários sites Wordpress a uma base de dados. É por isso que é utilizado um prefixo. Recomenda-se a alteração do prefixo **wp_**. Este é conhecido dos piratas informáticos, por exemplo, utilizar **123wp_** ou algo semelhante (Nota: terminar com um sublinhado_).

5. Aparecerá uma nova janela. Clique em **Efetuar a instalação**.

All right, sparky! You've made it through this part of the installation. WordPress can now communicate with your database. If you are ready, time now to...

Run the installation

6. Aparecerá a seguinte janela. Introduza os dados solicitados:

Título do site:	Título do seu site
Nome de utilizador:	Admin
Senha:	Admin
Endereço de e-mail:	Endereço de e-mail
Motor de busca... :	Não ativar ainda

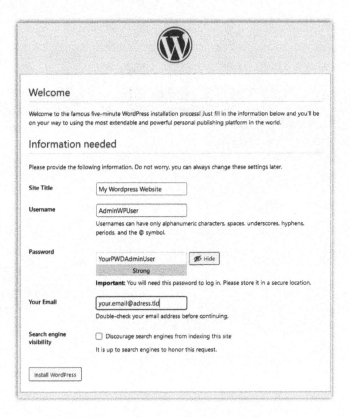

Welcome

Welcome to the famous five-minute WordPress installation process! Just fill in the information below and you'll be on your way to using the most extendable and powerful personal publishing platform in the world.

Information needed

Please provide the following information. Do not worry, you can always change these settings later.

Site Title

My Wordpress Website

Username

AdminWPUser

Usernames can have only alphanumeric characters, spaces, underscores, hyphens, periods, and the @ symbol.

Password

YourPWDAdminUser   👁 Hide

Strong

Important: You will need this password to log in. Please store it in a secure location.

Your Email

your.email@adress.tld

Double-check your email address before continuing.

Search engine visibility

☐ Discourage search engines from indexing this site

It is up to search engines to honor this request.

Install WordPress

7. Em seguida, clique em **Instalar o WordPress**.

8. Parabéns. O WordPress está instalado.
   Clique em **Login** para configurar e provisionar o site.

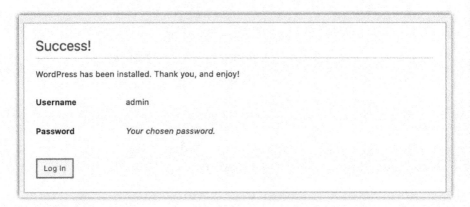

9. **Visitar site**, vá para o canto superior esquerdo.

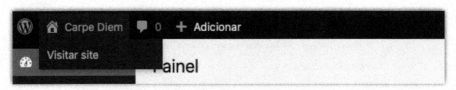

10. Aceda a **Olá, Blogger** (canto superior direito) e selecione **Terminar
    sessão**.

Pode aceder ao **phpMyAdmin** utilizando as credenciais do seu anfitrião Web:

phpMyAdmin: http://phpMyAdmin.website.com

Nome do utilizador: your_phpMyAdmin_username

Senha: your_phpMyAdmin_password

DEFINIÇÕES BÁSICAS, CON-TEÚDOS E PERSONALIZAÇÃO

A adição de conteúdos e a personalização de um site WordPress dar-lhe-ão uma ideia clara de como interagir com este sistema.
Neste capítulo, apresento os seguintes componentes:

- Visualizar o site.
- **Atualização** de um site WordPress.
- Instalando o tema **Twenty Twenty-One**.
- Personalizar o **Título** e a **Descrição** do site.
- Personalizando o **Idioma** do site.
- Criando conteúdo para o site. **Artigos** e **Páginas**.
- Criando uma nova **Página inicial**.
- Criando um **Menu**.
- Utilizar uma **Biblioteca multimédia**.
- Inserindo uma **Imagem**.
- Personalizar e criar uma **Categoria**.
- Adicionando **Widgets** ao site.
- Personalizando informações de **Rodapé**.
- Adicionar **Utilizadores**.

Atenção Este livro utiliza o **WordPress 6** e o tema **Twenty Twenty-One**.

Após uma instalação do WordPress, verá o tema predefinido **Twenty Twenty-Five**. Com isto, o WordPress pretende introduzir uma nova funcionalidade chamada **Full Site Editing**. Isto torna possível modificar visualmente um **Tema de bloco**.

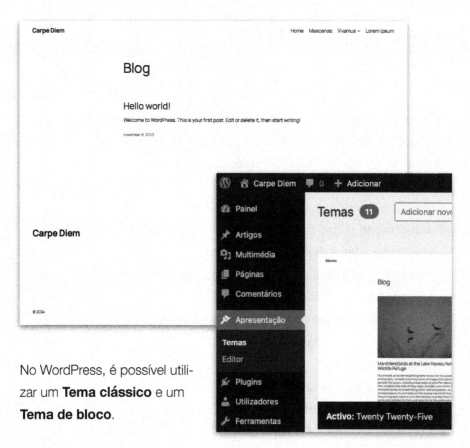

No WordPress, é possível utilizar um **Tema clássico** e um **Tema de bloco**.

Uma vez que os **temas clássicos** (mais de 22 000) são mais numerosos do que os temas de blocos (mais de 1 000+), este livro utiliza o tema **Twenty Twenty-One** para compreender melhor o WordPress.

Pode encontrar mais informações sobre temas de blocos no capítulo **BLOCK THEME** e no livro *WordPress Block Theme*.

No capítulo *Instalando o tema Twenty Twenty-One*, você substituirá o tema de bloco.

WordPress front-end

Verá o front end do WordPress. Se tiver o WordPress instalado na Internet, abra um browser e aceda ao seu site Web. Se tiver o WordPress instalado no seu computador, inicie o **LOCAL** ou o **MAMP**.

Na janela de início **LOCAL**, clique em **OPEN SITE** do site Web wp.

Na página inicial do **MAMP**, clique em **My Website > wp**.

Nesta janela, pode ver todas as pastas que estão na pasta raiz do **MAMP** Clique na pasta **wp/** e o site abre-se num navegador.

É possível ver um site WordPress com o tema padrão **Twenty Twenty-Five**. Depois de ativar o tema **Twenty Twenty-One**, pode ver o seguinte.

CARPE DIEM

Hello world!

Welcome to WordPress. This is your first post. Edit or delete it, then start writing!

Published February 16, 2024 Edit
Categorized as Uncategorized

Search

Search

Recent Posts

Hello world!

Recent Comments

A WordPress Commenter on Hello world!

Archives

February 2024

Categories

Uncategorized

CARPE DIEM

Proudly powered by WordPress.

▸ Título e descrição do site (em cima).
▸ Navegação (canto superior direito, ainda não activada).
▸ Artigo do blogue com o título "Olá mundo!
▸ Widgets: Pesquisar, Mensagens mais recentes e Comentários recentes.
▸ Rodapé (em baixo).

O seu fornecedor de alojamento web decide se pode visualizar um site **com** ou **sem** widgets. Os widgets são elementos do site, tais como um campo de pesquisa, um ficheiro, etc. No capítulo *Widgets*, mostrar-lhe-ei como adicionar ou remover elementos.

O tema *Twenty Twenty-One* é adequado para todos os tipos de janelas. Adequado para janelas de computador, tablet e smartphone. Um design que se adapta ao tamanho da janela do dispositivo.

Esta técnica chama-se **Responsive Design**. O site padrão mostra o que é possível fazer com o WordPress. Pode começar imediatamente.

Como pode ver, o foco de um site WordPress padrão é a criação de um weblog. Um administrador pode utilizar o WordPress para publicar posts aos quais os leitores podem responder. Para além de criar um weblog, também é possível criar e gerir Páginas de Informação. Este último é o que muitos outros sistemas CMS fazem.

Como web designer, os clientes pedem-me sobretudo para criar sites WordPress informativos. O blogue é normalmente de importância secundária.

No próximo capítulo, mostro-lhe como personalizar, adicionar ou desativar determinadas secções no WordPress. Além disso, mostro como criar um menu de navegação para posts ou páginas.

WordPress backend

Neste capítulo, vamos analisar mais detalhadamente o backend do Word-Press.

Abra um navegador da Web e use o seguinte endereço
http://wp.local/wp-login.php (LOCAL)
http://localhost:8888/wp/wp-login.php (MAMP)
http://www.tu_sitio_web.es/wp-login.php (Internet)

Utilizando **wp-login.php**, acederá ao backend. É útil lembrar-se de **wp-login.php** no caso de não utilizar uma ligação de início de sessão.

Quando iniciar sessão, verá o seguinte:

- Utilize as credenciais de início de sessão:
- Nome de utilizador = por exemplo, **admin**
- Senha = por exemplo, **admin**
- Clique em **login**

Boas-vindas ao WordPress!

Estamos agora no backend do sistema. Verá uma página inicial com informações gerais. O sistema chama a esta página o **Painel**. A partir desta janela, será mantido atualizado com as últimas notícias.

A parte mais importante da página está à esquerda. A coluna preta que contém as opções necessárias para personalizar o sistema e fornecer ao site as informações necessárias. Este é o **menu** do WordPress.

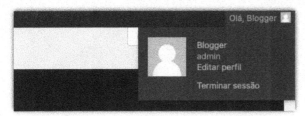

Se pretender sair, vá a **Olá, Blogger** (canto superior direito) e selecione **Terminar sessão**.

Painel

El menú de WordPress se llama **Painel**.
Este menú se divide en tres bloques.

Bloco 1:
O botão **Iniciar** e as **Actualizações**.

Bloco 2:
Uma série de opções de menu que lhe
permitem adicionar conteúdos ao sistema,
tais como: **Artigos**, **Multimédia**, **Páginas**
e **Comentários**.

Bloco 3:
Várias opções de menu que lhe permitem
personalizar ou configurar o sistema, tais
como: **Apresentação**, **Plugins**, **Utilizadores**, **Ferramentas** e **Opções**.

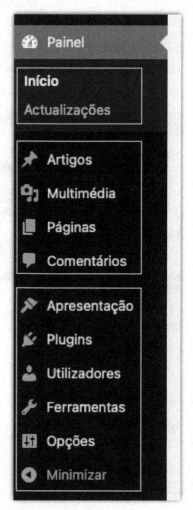

Actualizações do WordPress

Depois de instalar o WordPress, recomenda-se a **atualização** do sistema. Isto torna o sistema menos suscetível aos hackers. Não só o **sistema** é atualizado, como também os **Plugins** e os **Temas** são actualizados.

No menu (ver imagem à direita), um número junto à palavra Updates (Actualizações) indica o número de **actualizações**. O número ao lado de Plugins indica o número de actualizações de plugins.

Clique em **Actualizações**.
É apresentada a seguinte janela:

Se estiver disponível uma nova versão do WordPress, clique no botão: **Atualizar** WordPress. A partir da versão 3.7, o sistema é atualizado automaticamente.

Se existirem novos plugins disponíveis que o sistema esteja a utilizar atualmente, comece por especificar qual o plugin que pretende atualizar. Em seguida, clique no botão **Atualizar plugins**.

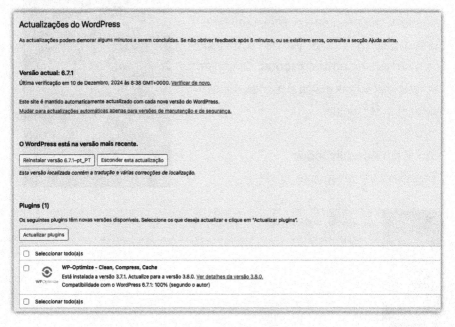

O mesmo se aplica, obviamente, à atualização dos temas. Recomenda-se a realização de actualizações regulares. Isto torna o sistema menos suscetível aos hackers. Os erros do sistema são removidos e novas extensões do sistema são adicionadas.

Instalar o tema Twenty Twenty-One

Vá para **Painel > Apresentação > Temas**.

Clique no botão **Adicionar novo tema**.

No campo de pesquisa, escreva **Twenty Twenty one**.

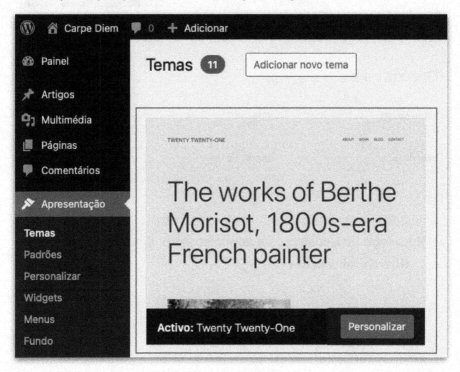

Em seguida, clique no botão **Instalar** e **ativar**.

Para mais informações sobre como trabalhar com um tema de blocos, consulte o capítulo *Tema de blocos*.

Título e subtítulo do site

Depois de iniciar a sessão, aceda ao menu seguinte:

Painel > Opções > Geral.

Nesta janela, pode atribuir ao site um **título** e uma breve **descrição**.

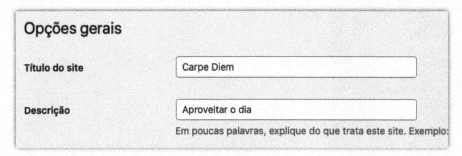

Como pode ver na janela abaixo, pode editar outras informações, incluindo um **Endereço de e-mail para a administração**. Em seguida, clique no botão **Guardar alterações**.

Alterar a língua do site

Converter um sistema WordPress inglês para espanhol:
Painel > Opções > Geral.
Em **Idioma do site**, selecione o seu idioma.

Em seguida, clique no botão **Guardar alterações**.

Ligações permanentes

Os Permalinks no WordPress determinam o aspeto do seu URL (link). Isto pode ser visto na barra de endereços do teu browser. Após uma instalação padrão, geralmente é usada uma configuração padrão de Permalink.

Se quiser saber que definições são utilizadas, vá a
Painel > Opções > Ligações permanentes.
O WordPress permite-lhe criar uma estrutura de URL personalizada para permalinks e ficheiros.

Muito provavelmente, o Permalink **Genérica** foi ativado. Com isto, o URL de uma nova Página ou Artigo recebe uma adição como */?p=123* incorporada no endereço.

É melhor que o **título** de um post ou página seja incluído nisto. Isto é claro para um utilizador, mas também para os motores de busca.

Se pretender que o título seja incluído num URL, selecione **Nome da artigo** como Permalink. Depois, não se esqueça de guardar a alteração.

Nome público

Depois de instalar um site WordPress, um **nome de utilizador** é também utilizado como **nome público**. Um nome público é apresentado no site Web. Isto pode ser visto no **painel** e num **artigo publicado**.

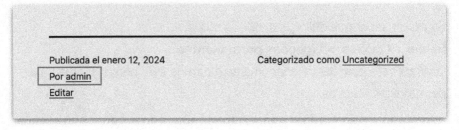

Isto revela metade dos dados de acesso.

Felizmente, pode alterar esta situação.

Vá a **Painel > Utilizadores**.

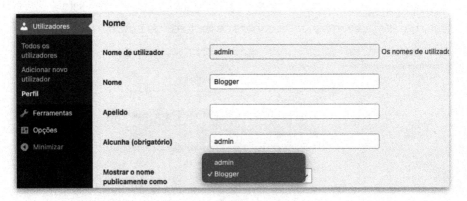

Substitua o **nome de utilizador** do administrador por, e.g., *Blogger*.

Em **Mostrar o nome publicamente como** selecione - *Blogger*.

Naturalmente, o nome de utilizador não é alterado.

Em seguida, prima o botão **Atualizar perfil**.

Visitar site

Para ver o resultado do site, vá à barra de menu preta no canto superior esquerdo da janela:

Título do site (Carpe Diem) > Visitar site.

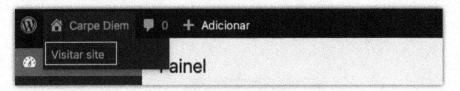

Para voltar ao Painel, volte à barra de menu preta no canto superior esquerdo da janela:

Título do site (Carpe Diem) > Painel.

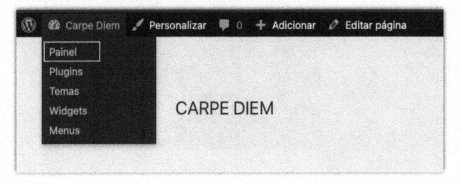

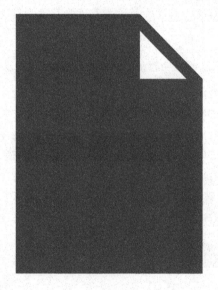

ARTIGOS E PÁGINAS

No WordPress, é possível criar **Artigos** e **Páginas** - qual é a diferença? Os artigos são notícias às quais os visitantes podem responder. Os posts são armazenados por ordem cronológica. Também é possível categorizar os posts.

A página inicial do site Web começa com um **"Hello World!"** As artigos são apresentadas umas a seguir às outras, com as mais recentes no topo. As artigos são arquivadas por mês ou por categoria. Utilizando um widget de categoria, podem ser encontradas rapidamente.

As **páginas** contêm informações gerais (as conhecidas páginas quem, o quê e onde). Não são armazenadas cronologicamente como as Artigos.

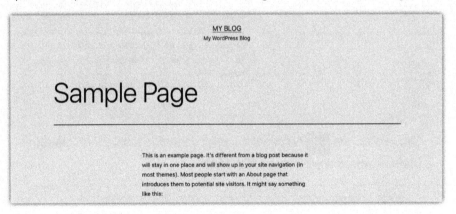

A partir do WordPress, também é possível que os visitantes comentem as páginas. Isto é feito através de um campo de comentários (opcional). Não é possível categorizar as páginas no WordPress. Um menu (ainda não ativado) permite o acesso às Páginas.

Adicionar novo artigo

É publicado um artigo com o seguinte teor:

1. Aceda ao **Painel > Artigos**.
2. Clique em **Adicionar nova artigo**.
3. Introduza um título e um texto para a **artigo**.
   Utilize **Opções** (3 pontos) para eliminar o bloco.

4. Clique no ícone **+** no canto superior esquerdo e selecione **Design > Mais**. Aparecerá um bloco **LEIA MAIS**.

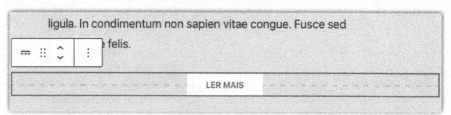

5. No bloco **LEIA MAIS**, clique em **Opções > Adicionar depois** ou no ícone **+** para adicionar um segundo bloco de **parágrafos**.

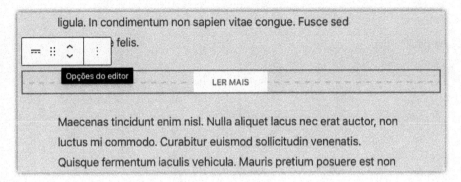

ligula. In condimentum non sapien vitae congue. Fusce sed
felis.

Opções do editor

LER MAIS

Maecenas tincidunt enim nisl. Nulla aliquet lacus nec erat auctor, non
luctus mi commodo. Curabitur euismod sollicitudin venenatis.
Quisque fermentum iaculis vehicula. Mauris pretium posuere est non

6. Em seguida, clique no botão **Publicar.**

7. Clique no ícone do WordPress (**W** no canto superior esquerdo) e visualize o site. Como pode ver, o último artigo está no topo da página inicial.

Lorem ipsum

Lorem ipsum dolor sit amet, consectetur adipiscing elit. In ultricies a
est ut ornare. Morbi nec auctor massa, sit amet consequat nibh. Duis
ornare justo eget tristique auctor. Sed ornare enim et lectus pharetra,
at iaculis dolor ultrices. Orci varius natoque penatibus et magnis dis
parturient montes, nascetur ridiculus mus. Maecenas eget accumsan
ligula. In... Continue a ler

Publicado em Janeiro 12, 2024 Editar
Categorizado como Entradas de blog

Hello world!

Welcome to WordPress. This is your first post. Edit or delete it, then
start writing!

Neste caso, o segundo artigo mostra o primeiro parágrafo.
Clique em **Continue a ler**.

Pode agora ver o artigo completo com um formulário de comentários abaixo.

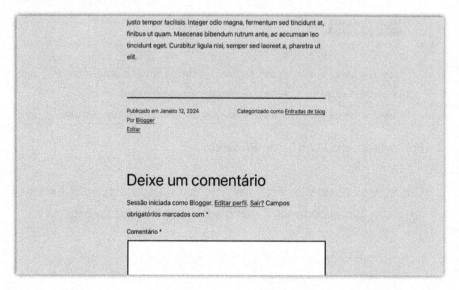

Antes de **publicar** um artigo, existem outras opções que pode utilizar.

No separador **Artigo** (canto superior direito), aparecem várias opções. Se selecionar um parágrafo, as opções de **Bloco** ficam visíveis. A página seguinte mostra uma visão geral de todas as opções do Artigo.

Definir imagem de destaque

Incluir uma imagem que represente o
conteúdo do artigo.

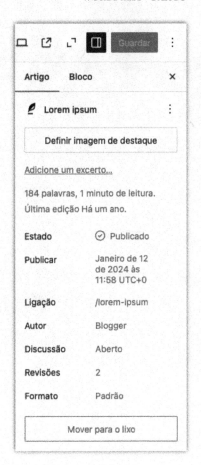

Adicione um excerto...

Fornece um breve resumo do conteúdo
do artigo.

Estado

Selecionar o estado e a visibilidade do
artigo.

Publicar

Definir a data de publicação.

Ligação

Personalizar a última parte do URL.

Autor

Selecionar o autor do artigo

Discussão

Ativar ou desativar comentários e trackbacks para o artigo.

Formato

Permite-lhe apresentar uma mensagem de uma forma diferente. Isto depende do tópico.

Mover para o lixo

Move o artigo para o lixo.

Categorias

Organize os artigos em categorias para facilitar a navegação.

Etiquetas

Adicione etiquetas para ajudar os utilizadores e os motores de busca a encontrar o artigo.

Pode ler como desativar o formulário de resposta para todos os novos artigos no capítulo Desativar formulário de resposta.

BLOCK-EDITOR

A versão 5.0 do WordPress (novembro de 2018) utiliza um novo editor chamado Gutenberg. Como viste no capítulo Criar um artigo, podes inserir diretamente um título e texto num artigo.

Podes editar um bloco selecionando primeiro um bloco, como um parágrafo. Na coluna da direita, o separador **Bloco** é ativado.

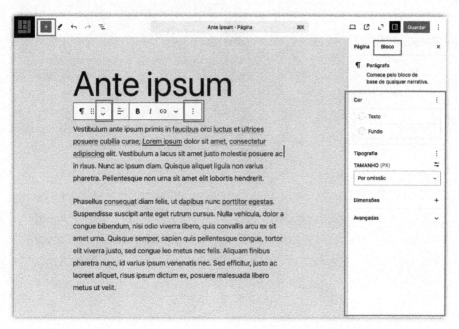

Utilizando as opções de bloco disponíveis, pode personalizar as propriedades em função do tipo de bloco.

Com as **Opções** (3 pontos), é possível, entre outras coisas, apagar o bloco. O ícone de **seta** permite-lhe alterar a ordem.

Ao clicar no ícone **+**, pode adicionar **Blocos, Padrões** ou **Multimedia**.

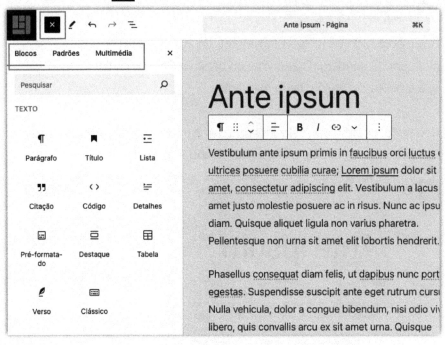

Os elementos de bloco são componentes como texto, imagens, ler mais, botões, vídeo, música, widgets, tabelas, etc. Pode encontrá-los nas categorias **Texto, Media, Design, Widgets, Tema** e **Conteúdos incorporados**. Percorra a janela Blocos para ver o que mais está disponível. Os plug-ins podem ser utilizados para adicionar elementos de bloco adicionais.

Pode utilizar **Padrões** para formatar rapidamente uma página. Um padrão é uma combinação de diferentes elementos de bloco.

Com a **Block Based Editing**, o utilizador tem mais liberdade para formatar uma página. No capítulo *Colocar imagem*, mostro como alinhar uma imagem em relação ao texto.

Adicionar uma página

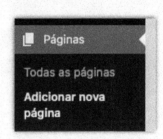

Da seguinte forma, crie uma página.

1. Aceda ao **Painel > Páginas**.
2. Clique em **Adicionar nova página**.
3. Atribua um **título** e um **texto** à nova página.

4. Clique em **Publicar** e, em seguida, clique no botão **Ver página**.

Clique em **Editar página** para voltar atrás.

Mais tarde, criaremos um menu de navegação.

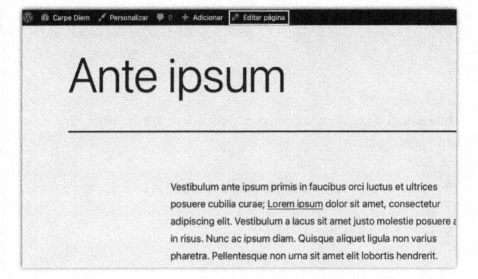

Clique no separador **Página**. Tal como nos Artigos, encontrará opções específicas para cada página.

Definir imagem de destaque, incluir uma imagem que represente o conteúdo da página.

Estado, aqui pode definir as opções de publicação.

Publicar, definir a data de publicação.

Ligação, o título é automaticamente incluído na última parte do URL.

Autor, selecionar o autor.

Modelo, de acordo com o tema. Permite-lhe escolher um esquema específico (por exemplo, com barras laterais ou página inicial).

Discussão, nesta secção pode configurar as definições para os comentários.

Superior, especifica em que item de menu a página deve ser colocada.

Mover para o lixo, move a página para o lixo.

Criar uma ligação

Uma parte importante de um site Web é a possibilidade de criar ligações para sites Web e páginas ou artigos internos. Abra uma página ou artigo e **selecione o texto**. Em seguida, clique no ícone **Link** no editor de blocos. Introduza um **URL** no campo e prima a tecla **Enter**.

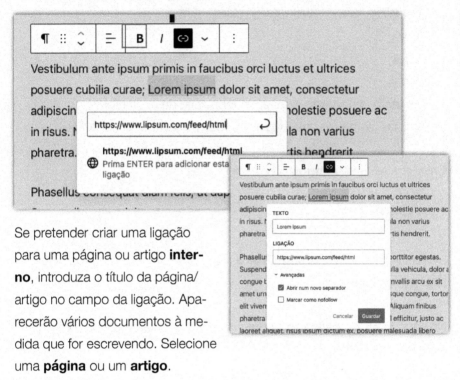

Se pretender criar uma ligação para uma página ou artigo **interno**, introduza o título da página/artigo no campo da ligação. Aparecerão vários documentos à medida que for escrevendo. Selecione uma **página** ou um **artigo**.

Neste caso, a opção **Abrir num novo separador** não está activada. Selecione a ligação e modifique-a para utilizar esta opção.

Em seguida, **guarde** ou **actualize** a página.

Atribuição

Para ver como funciona um site WordPress, é útil criar previamente algumas **Páginas** e **Artigos**.

Crie várias **Páginas** com os seguintes títulos:
- Bem-vindo (tornar-se-á a página inicial mais tarde).
- Quem.
- O quê.
- Onde.
- Contacto (mais tarde incluirá um formulário de contacto).
- Notícias (esta será uma página de resumo composta por artigos).

Criar uma série de **Artigos** com os seguintes títulos:
- As últimas notícias.
- O tempo.

No próximo capítulo **Personalizar a página inicial**, mostrarei como alterar a página inicial.

No capítulo **Personalizar a página de artigos**, mostro como apresentar artigos numa página de notícias.

No capítulo **Menu de navegação**, mostro como navegar no seu site utilizando um menu de navegação.

Personalizar a página inicial

Após uma instalação padrão do WordPress, a página inicial é uma visão geral dos seus artigos mais recentes.

Se não quiser começar com artigos, mas com uma página estática, pode alterar isso usando:

Painel > Opções > Leitura.

Em A sua página inicial é apresentada, selecione Uma página estática em vez de Os seus artigos mais recentes.

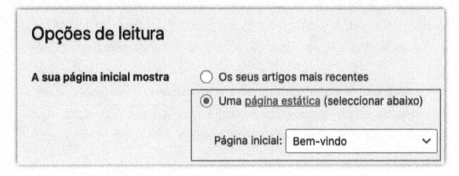

No exemplo, foi selecionada uma página estática intitulada Welcome (Bemvindo). Em Página inicial, selecione - Bem-vindo.

Clique em Salvar alterações e visualize o site.

Personalizar a página do artigo

Se pretender utilizar os seus artigos mais recentes, mas não como página inicial, pode fazê-lo através da opção **Página de artigos**.

Opções de leitura

A sua página inicial mostra
- ○ Os seus artigos mais recentes
- ● Uma página estática (seleccionar abaixo)

Página inicial: Bem-vindo ⌄

Página de artigos: Notícias ⌄

As páginas de artigos mostram no máximo `10` ⌄ artigos

Na **página de artigos**, selecione uma página existente (por exemplo, Notícias). Quando a página Notícias é acedida no frontend do site Web, todos os artigos mais recentes são apresentados uns a seguir aos outros.

Com **As páginas de artigos mostram no máximo**, pode especificar quantos artigos são apresentados numa página Artigos. Os restantes artigos são arquivados. Com um **widget Arquivo**, estes podem ser chamados.

Clique em **Guardar alterações** e visualize o site.

Antes de aplicar isto, recomendo que crie uma página em branco com o título Notícias ou Blogue. Na secção Menu de navegação, certifique-se de que a página Notícias está incluída no menu.

Marcar esta artigo como fija

Fixar este artigo apresenta este artigo na parte superior de uma página de artigo. Se um tema o suportar, também aparecerá num modelo de página inicial (ver capítulo *ADAPTAR O TEMA*).

1. Vá para **Painel > Artigos**. Passe o rato sobre, por exemplo, Hello World! Aparecerão opções adicionais.

> ☐ **Hello world!**   Blogger   Entr
>   Editar | Edição rápida | Mover para o lixo | Ver

2. Clique em **Edição rápida**. Verá as opções de página.

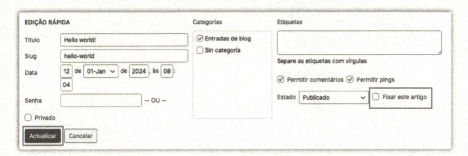

3. A edição rápida permite-lhe editar algumas propriedades da página sem a abrir. Selecione a opção **Fixar este artigo**.

4. Em seguida, clique em **Atualizar** e verifique o site.

Implantação do formulário de resposta

Num site informativo, não se pretende que os leitores possam comentar um artigo. Neste caso, deve desativar o formulário de comentários.

1. Vá para **Painel > Artigos**. Passe o rato sobre, por exemplo, **Hello World!** Aparecerão opções adicionais.

☐ **Hello world!**	Blogger	Ent
Editar | Edição rápida | Mover para o lixo | Ver		

2. Clique em **Edição rápida**. Aparecerão várias opções.

3. Quando desactiva a opção **Permitir comentários**, o formulário de comentários deixa de ser apresentado no final de um artigo. Clique em **Atualizar** e veja o site. Se pretender desativar o formulário de comentários para todos os novos artigos, vá a **Painel > Opções > Discussão**.

Opções de discussão

Opções por omissão de artigos

☐ Tentar notificar os sites ligados no artigo

☐ Permitir notificações de outros sites (pingbacks e trackbacks) em novos artigos

☐ Permitir comentários em novos artigos

Estas opções podem ser sobrepostas em cada artigo. Estas alterações só serão aplica

Nas **Opções por omissão de artigos**, desactive todas as opções. Isto evita muito spam.

Proteger páginas com senha

Pode proteger uma página ou um artigo com uma senha.
Isto pode ser definido para cada página/artigo.

Vá para **Painel > Páginas**.
Passe o rato sobre o título de uma página e clique em **Edição rápida**.

☐ **Sample Page**

Editar | Edição rápida | Mover para o lixo | Ver

Ao introduzir uma **senha**, a página será protegida por uma senha.

EDIÇÃO RÁPIDA

		Superior	Página princ
Título	Sample Page	Ordem	0
Slug	sample-page		
Data	12 de 01-Jan ∨ de 2024 , às 08 : 04	☐ Permitir comentários	
Senha	WordPress — OU — ☐ Privado	Estado	Publicado
Actualizar Cancelar			

A opção **Privado** permite que um utilizador registado leia uma página depois de iniciar sessão (ver capítulo Utilizadores), neste caso não é neces-
sária uma senha.

Em seguida, clique no botão **Atualizar**.

MULTIMÉDIA

Multimédia permite-lhe gerir imagens, vídeos e ficheiros. A partir daqui, pode inserir ficheiros multimédia num tema, artigo, página ou widget de texto.

Adicionamos um ficheiro à biblioteca multimédia:

1. Aceda a **Painel > Multimédia - Adicionar novo ficheiro multimédia**.
2. Arraste um ficheiro para esta janela ou clique em **Seleccione ficheiros**.

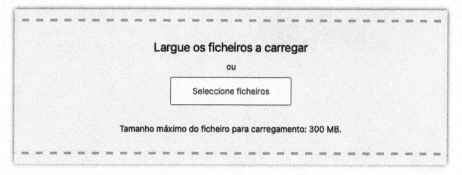

3. Quando o ficheiro for carregado, ser-lhe-ão apresentadas informações adicionais.
4. Aceda a **Painel > Multimédia > Biblioteca**.
   Nesta janela, pode gerir todos os ficheiros multimédia.

5. Clique numa imagem. Ser-lhe-ão apresentadas 5 opções: **Editar imagem**, **Ver ficheiro multimédia**, **Editar mais detalhes**, **Descarregar ficheiro**, **Eliminar permanentemente**.

Clique em **Editar mais detalhes** para adicionar meta-informações como o **título**, o **texto alternativo**, a **legenda** e a **descrição** de uma imagem. Em seguida, clique em **Atualizar**.

Editar imagem

Pode editar uma imagem a partir da biblioteca multimédia.

Clique numa imagem e, em seguida, clique em **Editar imagem**.

As opções são: **Cortar**, **Escala** e **Rotação da imagem**.

É possível ajustar o tamanho original na coluna da direita.

Inserir imagem

É possível inserir imagens num artigo ou numa página. No editor de texto, clique no ícone ➕ e selecione **Imagem**.

Escolha **Biblioteca multimédia**, selecione uma imagem e prima o botão Selecionar.

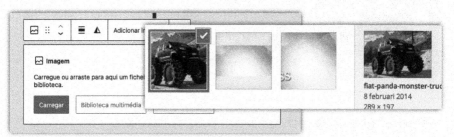

1. Em seguida, clique num ícone de **alinhamento**. Neste caso, selecione **Alinhamento à esquerda**. Reduzir a imagem.

2. Em seguida, clique novamente no ícone **+** e selecione um **Parágra-fo**. Coloque o texto no bloco de parágrafo. A imagem está agora alin-hada à esquerda em relação ao texto.

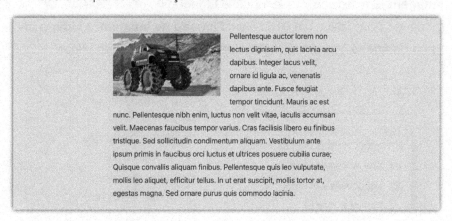

Pode editar uma imagem clicando na mesma. A coluna da direita apresen-ta uma série de definições. Se clicar em **Opções** (3 pontos, barra de fer-ramentas), pode *copiar*, *duplicar* ou *apagar* uma imagem.

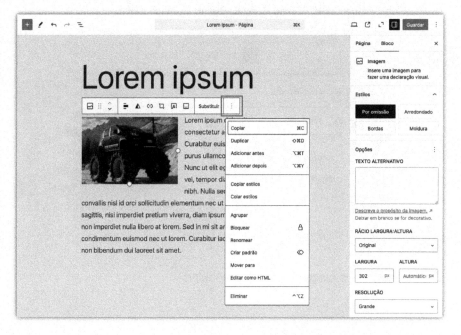

Ligação de imagem

Uma imagem também pode conter uma hiperligação. **Selecione uma imagem**. Em seguida, clique no ícone **Ligação** no editor de texto. Como pode ver, pode ligar a um **URL**, a um **Ficheiro de imagem**, a **Ligar a página de anexo** (imagem grande na página) ou **Expandir ao clicar**.

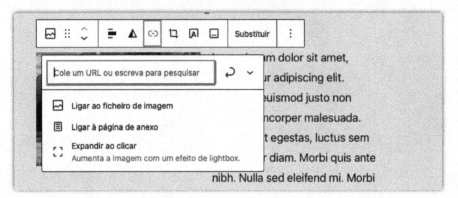

Escreva ou cole um URL no campo da ligação. O botão **Ligação > Abrir num novo separador** abre a ligação numa nova janela.

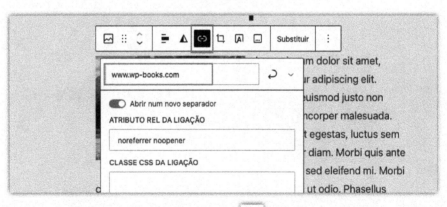

Em seguida, clique no botão Aplicar.

Depois, não se esqueça de atualizar a página.

Definições multimédia

Aceda a **Painel > Opções > Multimédia**.

Os valores apresentados indicam as dimensões máximas em pixels utilizadas para adicionar imagens à biblioteca multimédia. Se pretender desviar-se destes valores, pode ajustá-los.

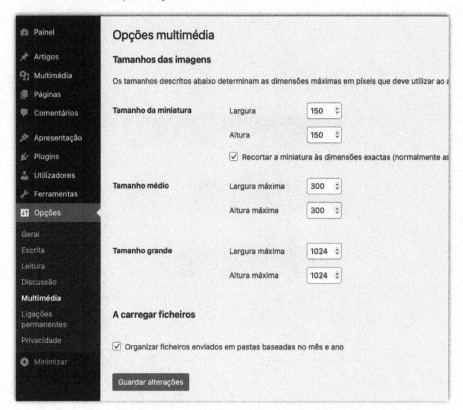

Em seguida, não se esqueça de clicar no botão **Guardar alterações**.

MENU DE NAVEGAÇÃO

Com o tema *Twenty Twenty-One*, as páginas não são automaticamente incluídas num menu de navegação. Alguns temas fazem-no. Se pretender um menu de navegação e determinar a ordem do menu, crie um menu. Faça-o da seguinte forma:

1. Vá para **Painel > Apresentação > Menus**.

2. Em **Nome do menu**: atribua um novo nome ao menu, por exemplo, *Menu principal*, e depois clique no botão **Criar menu**.

Nome do menu	Menu principal

Dê um nome ao seu menu e a seguir clique em "Criar menu".

3. As páginas não são adicionadas automaticamente ao novo menu. Clique no separador **Tudo** para adicionar páginas ao menu. Selecione **Bem-vindo** (página inicial), as suas **páginas** (exceto notícias) e clique em **Adicionar ao menu**.

4. Também é possível incluir **artigos, ligações personalizadas** (links) e até mesmo **categorias** no menu.

5. Ajuste a ordem do menu pegando num

Páginas ▲

Recentes Tudo Pesquisar

☐ Bem-vindo — **Página inicial**
☐ Notícias — **Página de artigos**
☐ Ante ipsum
☐ Contacto
☐ Lorem ipsum
☐ O quê
☐ Onde
☐ Quem
☐ Sample Page

☐ Seleccionar todo(a)s

Adicionar ao menu

item de menu e **deslocando-o** verticalmente. Mova um item de menu para a **direita**, transformando-o num item de **sub-menu** (por exemplo, Sample Page).

6. Em **Opções de menu - Onde mostrar**: ativar **Menu principal** que apresentará o menu no site Web. É possível ligar um menu a diferentes localizações num tema. Assim, cada localização tem a sua própria posição e estilo.

7. Depois de ter modificado o menu, clique em **Guardar menu**. Ver o site.

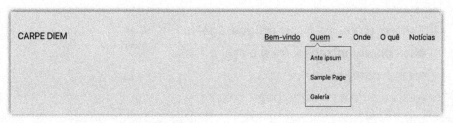

Artigos no menu

1. No capítulo *Personalizar a página inicial*, é indicado que todos os **artigos** estão ligados à página Notícias.

2. Adicione a página **Notícias** ao menu.

3. Arraste o item de menu para a localização pretendida, por exemplo, acima de Contactos.

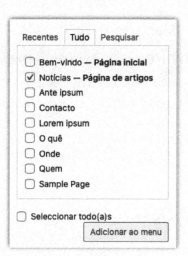

4. Em seguida, clique em **Guardar menu**.
5. Ver site.

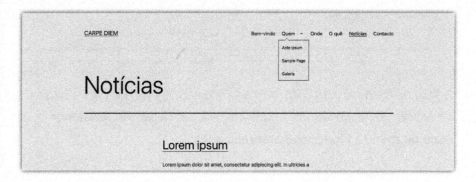

Menu de ligações sociais

Em **Opções de menu - Onde mostrar**, verá vários nomes. O número e a localização dos nomes podem variar de tema para tema. Os nomes são determinados pelo tema (neste caso, Twenty Twenty-One).

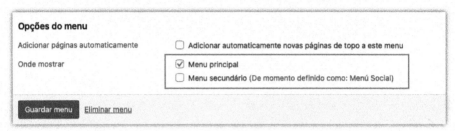

Um menu pode ser incluído num cabeçalho, rodapé, coluna da esquerda, etc. Se for apresentada uma localização com o nome **Menu social**, trata-se especificamente de um menu que inclui itens de menu com ligação a páginas sociais. Num menu Social, os ícones das redes sociais são gerados automaticamente. No tema Twenty Twenty-One, pode utilizar a localização do **Menu secundário**. Este menu é apresentado no rodapé.

Criar menu social

Aceda a **Criar um novo menu**. Dê-lhe o nome de **Menu social**.
Em seguida, clique no botão Criar menu.

A título de exemplo, vou criar um menu social com ligações para a página do WordPress no *Facebook* e no *Twitter*. Vá para a secção **Adicionar itens de menu - Ligações personalizadas**.

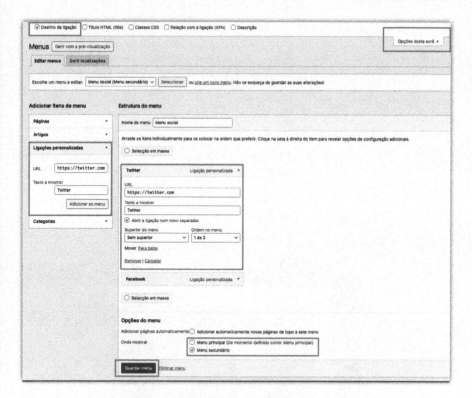

Colocar no URL - **https://www.twitter.com/wordpress**.

Coloque no texto do link - **Twitter**.

Em seguida, clique em **Adicionar ao menu**.

Faça o mesmo para o **Facebook**. Através das **Opções deste ecrã** (canto superior direito), é possível abrir uma hiperligação num novo separador utilizando o **Destino da ligação**. Isto só pode ser definido após a ativação e por item de menu. Em **Opções do menu - Onde mostrar**:

selecione **Menu secundário**.

CATEGORIAS

No WordPress, pode associar **artigos** a uma ou mais **categorias**. Ao criar categorias, os leitores podem encontrá-los facilmente. Isto torna o conteúdo do site claro.

As **Categorias** podem ser incluídas num menu de navegação e também podem ser utilizadas como um widget da barra lateral.

1. Aceda ao **Painel > Artigos > Categorias**.

2. Passe o rato sobre: **Sin categoria - Edição rápida**.

3. Altere o nome para *Artigos do blogue*. Clique em **Atualizar categoria**.

También puedes mantener la categoría *Uncategorized* y crear una nueva tú mismo. Puede utilizar esta categoría para encontrar artigos que aún no están vinculadas a una categoría.

Em **Adicionar nova categoria**, crie uma nova categoria.

As categorias podem ter uma estrutura hierárquica.

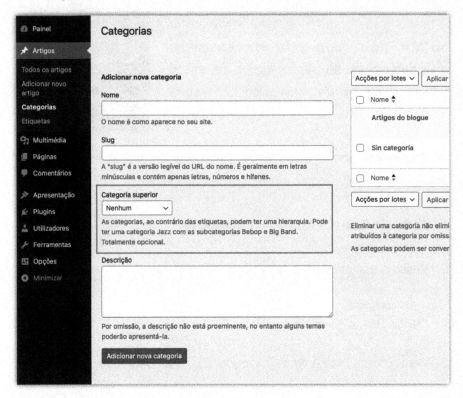

Com a **Categoria superior**, pode especificar a ordem. Quando terminar, clique no botão **Adicionar nova categoria**.

Por exemplo, se pretender criar um blogue sobre desporto, o desporto é uma categoria principal. As secções de desporto, como futebol, basquetebol e voleibol, são subcategorias.

De seguida, vá a **Painel > Artigos > Todos os artigos**.
Clique num artigo para mudar de categoria.

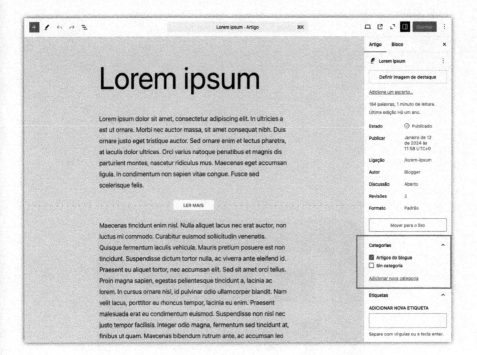

WIDGETS

Os widgets são elementos que acrescentam opções visuais e interactivas adicionais a um site. São componentes como a **pesquisa**, os **comentários**, **arquivo**, **categorias**, etc.

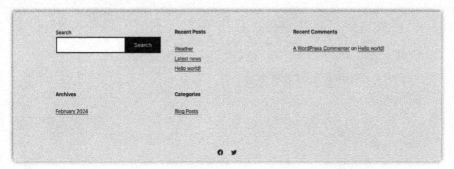

Os widgets são normalmente colocados no **rodapé** ou na **barra lateral** de um tema.

Adicionar widget

1. Aceda a **Painel > Apresentação > Widgets**.

2. Desloque-se para baixo e clique no ícone **+**. Selecione um bloco **Calendário**.

3. **Arraste** o bloco para uma posição, por exemplo, no topo.

4. Em seguida, prima **Guardar**.

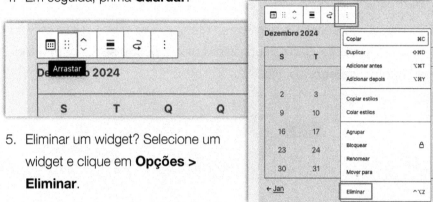

5. Eliminar um widget? Selecione um widget e clique em **Opções > Eliminar**.

6. Ver o site.

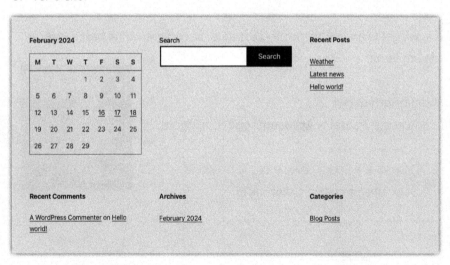

Os widgets dependem do tema. Quando ativar um tema diferente, poderá ter de adicionar novamente os seus widgets.

Conteúdo na barra lateral ou no rodapé

Se pretender incluir informações numa barra lateral, utilize o ícone **+** no canto superior esquerdo da janela. Todos os blocos que aparecem nesta janela podem ser incluídos numa **barra lateral** ou num **rodapé**.

Para inserir um bloco de parágrafo e imagem num rodapé, faça o seguinte:

1. Aceda a **Painel > Apresentação > Widgets**.
2. Clique no ícone **+** .
3. Selecione um bloco de **Título** e, em seguida, coloque texto no bloco.
4. Selecione um bloco **Imagem** e, em seguida, selecione uma imagem da **Biblioteca multimédia**.
5. Selecione os dois blocos, vá à **barra de ferramentas > opções** e selecione **Agrupar**.

6. De seguida, ajuste a ordem, se necessário.
7. Clique em **Guardar**.
8. Ver site.

Como ambos os blocos estão agrupados, são colocados como um bloco (um por baixo do outro) no rodapé. Os blocos separados são colocados lado a lado.

BLOCOS PRÁTICOS

A partir da versão 5.0 do WordPress, já não é necessário instalar plugins para colocar colunas, tabelas, botões, etc. Graças ao novo editor de blocos, pode utilizar vários elementos de blocos. Neste capítulo, vou mostrar-lhe alguns blocos práticos.

Colunas

Vá para uma página e clique no ícone ![+] (canto superior esquerdo). Selecione **DESIGN > Colunas**.

Escolher uma variação. Recomenda-se que não utilize mais de 2 ou 3 colunas.

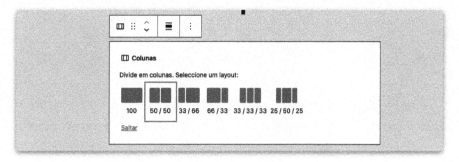

Numa vista móvel, as colunas são apresentadas uma abaixo da outra.

As colunas são colocadas. Em cada coluna encontra um ícone **+**.

Clique nos ícones + da esquerda e da direita para colocar um **Parágrafo**.

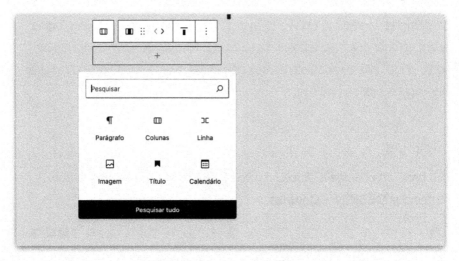

Os elementos de bloco são aninhados numa coluna. Se pretender selecionar um elemento de bloco numa coluna, utilize a **Vista de Lista**.

Esta está localizada no canto superior esquerdo da janela.

Clique num parágrafo e, em seguida, aceda à **Vista de lista** (canto superior esquerdo). Ao selecionar um bloco nesta lista, pode editar facilmente um item (coluna da direita).

Tabelas

Clique no ícone **+** . Em seguida, selecione **TEXTO > Tabela**.

Em seguida, especifique o número de **colunas** e **linhas**. Clique no botão **Criar tabela**. Coloque algum conteúdo na tabela.

Em **Definições**, pode selecionar **Células de tabela com largura fixa**.

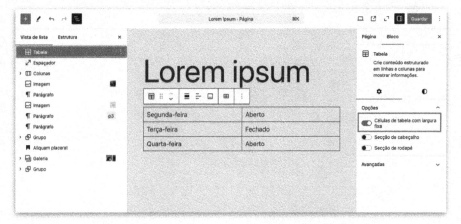

Botões

Um botão atrai um pouco mais de atenção do que um link de texto.
Clique no ícone **+** . Selecione **DESIGN > Botões**.

Colocar **texto** num botão. Clique no ícone **Ligação** e escreva ou cole um **URL** no campo da ligação. Em **Opções** (à direita), pode personalizar as propriedades do botão.

Em **Estilos**, selecione **Preencher**. A opção **Cor** permite-lhe ajustar a cor do Texto ou do Fundo. O arredondamento pode ser efectuado com **Raio**.

Em **Ligação**, certifique-se de que a ligação abre num novo separador.

Em seguida, clique no botão **Atualizar** ou **Publicar**.

Galeria

Clique no ícone **+** . Selecione **MULTIMÉDIA > Galeria**.

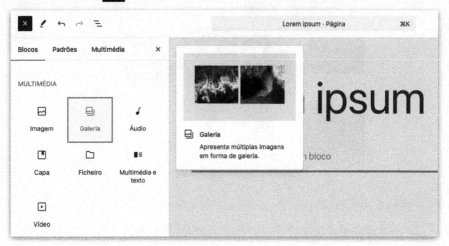

No bloco Galeria, pode carregar novos ficheiros ou selecionar ficheiros da **biblioteca**. Clique no botão **Biblioteca multimédia**. Selecione um número de imagens. Em seguida, clique no botão **Criar nova galeria**.

Aparecerá uma nova janela de resumo.

Em seguida, clique no botão **Inserir galeria**.

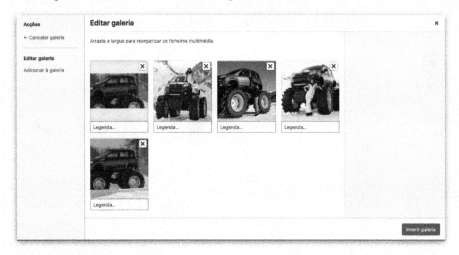

É possível ajustar a ordem das imagens, entre outras coisas. Clique numa **imagem** e vá a **Barra de ferramentas > Ligação > Expandir ao clicar**.

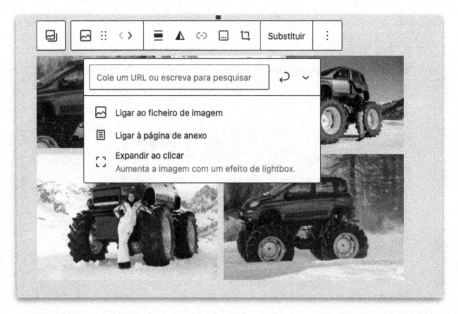

Publique o seu artigo ou página e visitar site.

Padrões

Os **blocos** permitem-lhe formatar uma página ou um artigo. Também é possível usar **Padrões**. Os padrões (modelos de conteúdo) são blocos compostos. Podem ser utilizados para várias páginas, como uma página de boas-vindas, um blogue ou uma página de contacto, entre outras. Os modelos fazem parte do tema ativo.

A utilização de **padrões** poupa-lhe muito tempo. Depois de adicionar um padrão, pode substituir facilmente o texto ou as imagens.

Com as **Definições** (coluna da direita), pode personalizar o estilo.

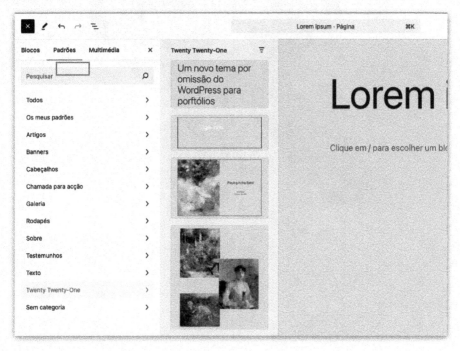

Também é possível criar **Blocos Reutilizáveis** (mais ou menos o mesmo que Padrões) e adicioná-los ao WordPress. O livro *WordPress - Gutenberg* explica como fazer isto.

PERSONALIZAR O TEMA

É possível personalizar o tema ativo a partir do Painel de Controlo. O número de itens que pode personalizar depende de cada tema.

Vá para **Painel > Apresentação > Temas**. Clique em **Personalizar**. Ou vá a **Painel > Apresentação > Personalizar**.

Aparece uma nova janela. A coluna da esquerda mostra o número de itens que pode personalizar. As opções expandem-se quando se clica nelas.

Neste tema, pode personalizar a **Identidade do site**, **Cores e Modo nocturno**, **Imagem de fundo**, **Menus**, **Widgets**, **Opções da página inicial**, **Opções de excertos** e **CSS adicional**.

Por exemplo, se pretender ajustar as cores do tema, pode fazê-lo com a opção **Cores e modo nocturno**. Clique em **Cor de fundo**, escolha uma cor e ajuste-a. O resultado é imediatamente visível na janela à direita.

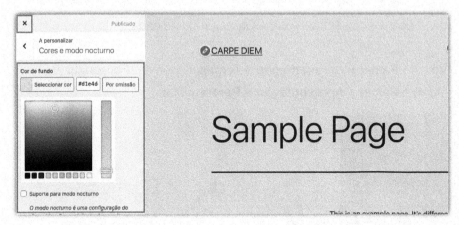

Em seguida, não se esqueça de clicar no botão **Guardar** para guardar as suas alterações. Em seguida, clique na cruz **X** no canto superior esquerdo da janela.

Colocar imagem de cabeçalho

Uma **imagem de cabeçalho** é uma imagem que é apresentada na parte superior de um site. Normalmente, ela pode ser especificada em **Personalizar > Imagem de cabeçalho**. O tema *Twenty Twenty-One* não utiliza esta opção. Em vez disso, este tema utiliza uma **Imagem em destaque** como cabeçalho. Para aplicar isto, vá para um artigo ou página.

Vá para **Painel > Páginas**. Selecione a página inicial *Bem-vindo*. Na coluna da direita **Definições** da página, clique em **Imagem em destaque** e selecione uma imagem (grande) da sua Media Library (Biblioteca de multimédia). Em seguida, clique no botão **Atualizar**.

A **imagem em destaque** é agora apresentada como cabeçalho. Se fizer isto para cada página, terá uma imagem de cabeçalho variada.

Favicon

Um favicon (ícone de site) é um ícone que pode ser visto numa janela do browser. O Wordpress especifica que um favicon deve ser quadrado ou ter pelo menos 512 × 512 pixéis. Pode utilizar qualquer formato web para este efeito: gif, jpg ou png.

Aceda ao **Painel > Apresentação > Personalizar - Identidade do site**. Em **Ícone do site**, clique em **Selecionar ícone do site**.

Na biblioteca multimédia, selecione um logótipo (ou imagem) e recorte-o conforme necessário.

Verá uma pré-visualização. Em seguida, clique no botão **Publicar**.

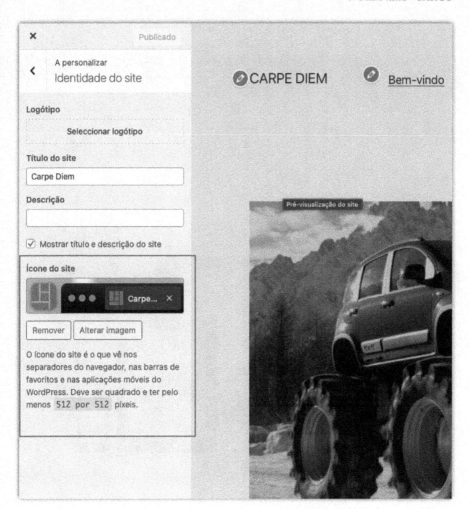

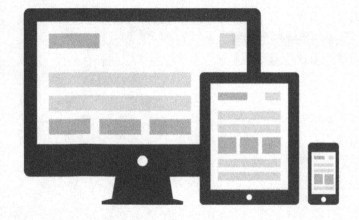

NOVO TEMA

Um **tema clássico** é uma coleção de ficheiros PHP e CSS. Um tema define o design e a funcionalidade de um site WordPress.

Um utilizador pode utilizar um tema para alterar o design do site sem perder o conteúdo. Um tema também é conhecido como modelo.

Existem mais de 22 000 temas gratuitos disponíveis para transferência no WordPress. Existem também temas comerciais. O seu preço varia entre os 10 e os 70 dólares.

Neste capítulo, vou mostrar-lhe como **descarregar** um tema, **instalar** e **activá-lo**.

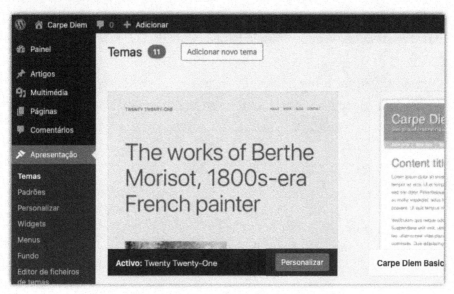

Vá para **Painel > Apresentação > Temas**.
Clique no botão **Adicionar novo tema**.

Descarregar e instalar o tema

Para descarregar e instalar um tema, existem várias opções. No ecrã Adicionar temas, encontrará categorias como **Popular**, **Mais recentes**, **Temas de blocos** e **Favoritos**.

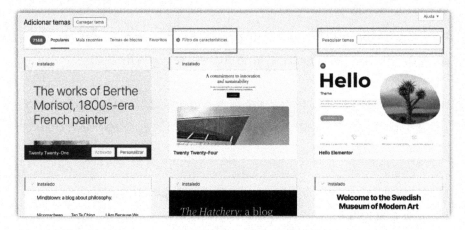

Também pode utilizar a funcionalidade **Pesquisar tema**s ou o **Filtro de caraterísticas** para encontrar um tema adequado.

O botão **Carregar tema** permite-lhe instalar um tema descarregado. Nesse caso, o tema será instalado como um ficheiro **Zip**. Para mais temas gratuitos, visite: *http://wordpress.org/extend/themes*.

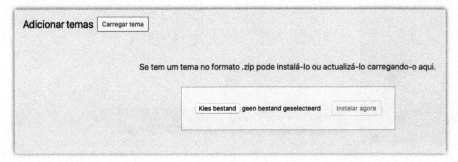

Depois de encontrar um tema que lhe agrade, clique no botão **Instalar**.

Como exemplo, vou instalar o tema **Maxwell** (ThemeZee). Escreva "Maxwell" no **campo de pesquisa** e clique no botão **Pesquisar**.

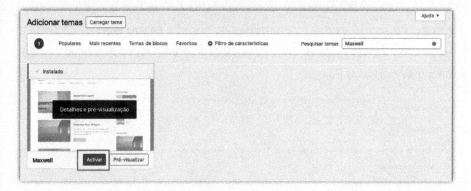

Passe o rato sobre a pré-visualização do tema. Para obter mais informações, clique em **Detalhes e pré-visualização**. Clique em Instalar. Em seguida, clique em **Ativar**.

Em **Painel > Apresentação > Temas**, pode ver o número de temas instalados. **Ativar** permite-lhe alterar os temas. Exibir site.

Após uma mudança de tema, o menu pode ter desaparecido.
Nesse caso, aceda a **Painel > Apresentação > Menus** para o ajustar.

Em alguns casos, certas funcionalidades, como o **Menu Social**, podem
exigir uma versão paga do tema. Para incluir ícones de redes sociais, pode
utilizar Widgets ou Plugins.

Depois de efetuar as alterações, lembre-se de especificar a **Onde mostrar**
nas definições do menu e clique em **Guardar menu**.

Personalizar o tema

Como já deve saber, a opção **Personalizar** depende do tema.
Consulte as opções do tema Maxwell.

Aceda a **Painel > Apresentação > Temas**. Clique em **Personalizar**.

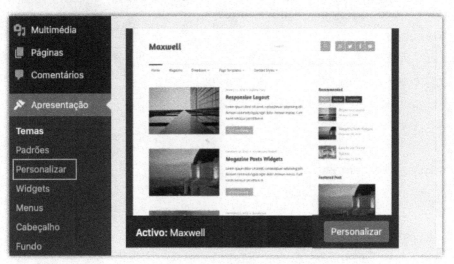

A coluna da esquerda mostra o número de itens que pode personalizar. As opções expandem-se quando se clica nelas.

Neste tema, pode personalizar a **Identidade do site**, a **Imagem do cabeçalho**, o **Background**, os **Menus**, os **Widgets**, as **Opções da página inicial**, as **Theme Options** e o **CSS adicional**.

Por exemplo, se pretender alterar a cor do tema, pode fazê-lo utilizando a opção **Background > Cor de fundo**.

Colocar uma imagem de cabeçalho

No tema *Maxwell*, é possível colocar uma imagem de cabeçalho

Para adicionar uma imagem de cabeçalho a um tema, aceda a **Painel > Apresentação > Cabeçalho**.

Encontrar uma imagem de cabeçalho adequada com dimensões de cerca de **1200 x 400 pixels** em formato JPG.

Clique em **Adicionar nova imagem**, selecione o ficheiro e **carregue-o**.

Se a imagem for demasiado grande, pode cortá-la. Em alternativa, pode ignorar o corte.

Depois de carregada, clique em **Publicar** para guardar as alterações. Pré-visualize o seu site para ver o novo cabeçalho.

O cabeçalho será utilizado em todas as páginas/artigos. Se pretender cabeçalhos diferentes, poderá ter de utilizar um plug-in.

Pode encontrar mais pormenores sobre este assunto no capítulo *Cabeçalhos personalizados*.

Carpe Diem

Bem-vindo   Quem ⌄   Onde   O quê   Notícias   Contacto

Janeiro 12, 2024 • Artigos do blogue

Lorem ipsum

Lorem ipsum dolor sit amet, consectetur adipiscing elit. In ultricies a est ut ornare. Morbi nec auctor massa, sit amet

Continue reading »

Janeiro 12, 2024 • Artigos do blogue

Hello world!

Welcome to WordPress. This is your first post. Edit or delete it, then start writing!

Continue reading »

Carpe Diem

Pesquisar

Pesquisar

TEMA DO BLOCO

O tema **Twenty Twenty-Two** é o primeiro **Tema de blocos** padrão do WordPress. Permite-lhe personalizar visualmente um tema. Entre outras coisas, é possível editar ou adicionar componentes como um título, um logótipo e um menu. Também é possível alterar a estrutura de uma **página inicial**, **artigo** ou **página**. Pode alterar o texto de impressão predefinido. E até alterar o estilo, como a cor, o tamanho e o tipo de letra.

O ajuste de um tema de bloco é feito com o mesmo editor de blocos de página. O WordPress chama a isto **Full Site Editing**. Com o editor de blocos, pode não só criar uma página, mas também um tema. Crie um novo site Web WordPress com **Local** (consulte o capítulo *Instalar o WordPress*).

Aceda a **Painel > Apresentação**. Active o tema **Twenty Twenty-Two**. O WordPress quer mostrar nesta versão como é fácil trabalhar com temas de blocos.

Clique em **Painel > Apresentação > Editor**. Na coluna da esquerda, verá uma série de opções: **Navegação, Estilos, Páginas, Modelos** e **Padrões**; à direita, verá a página inicial com os artigos mais recentes.

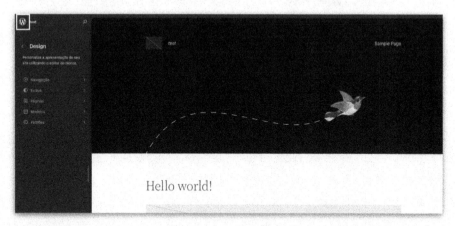

Selecione o **Título** e clique em **Editar modelo**. Aparece uma **barra de opções** por cima do bloco.

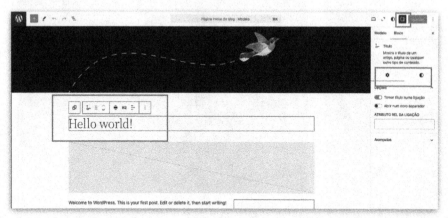

O ícone **Definições** (canto superior direito) mostra-lhe **opções** adicionais de blocos numa coluna à direita. Utilizando as Definições (a partir da coluna) e os **Estilos** (ícone de meia-lua) do bloco, pode personalizá-lo ainda mais.

O ícone do **WordPress** leva-o de volta ao Editor de Sites.

Aceda a **Painel > Apresentação > Editor - Modelos**. Os modelos são compostos por **partes** e **blocos de modelos**. Em conjunto, formam uma página. Uma parte do modelo é, por exemplo, um **cabeçalho**, uma **barra lateral** ou um **rodapé**. Um modelo tem várias partes.

O nome de um **modelo** indica para que é que foi criado. O modelo de **Artigo único** (Single Post) é apresentado depois de um visitante clicar num **artigo** na página inicial. Mostra o artigo completo. O número de modelos varia consoante o tema.

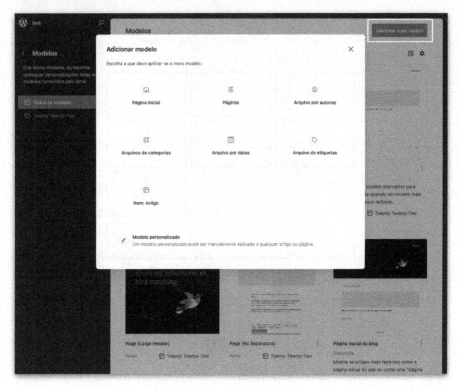

Pode criar novos modelos clicando no botão **Adicionar novo modelo**.

Selecione **Artigo único** (Single Post) e clique num bloco para o editar.

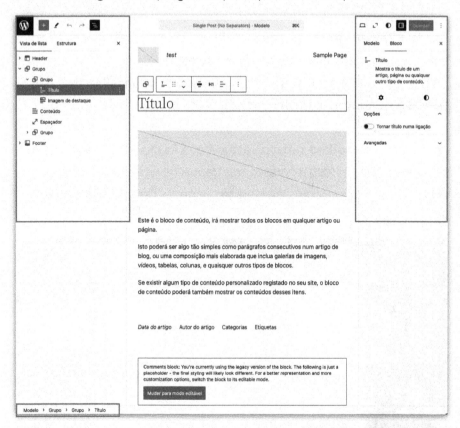

A estrutura de um modelo consiste em **Partes do modelo** e **Blocos temáticos**. Ao selecionar uma parte ou bloco do modelo, pode ver do que se trata. Para o fazer, utilize a **Vista de lista** ou a **navegação por trilho de navegação**. Pode ajustar as propriedades do bloco através das **opções** e definições do bloco (coluna da direita).

Utilizando o insersor de blocos, ícone **+** (canto superior esquerdo), pode adicionar partes do modelo e blocos temáticos.

Vá a **Painel > Apresentação > Editor > Padrões**. Ao lado do tópico Padrões, encontrará também uma lista de **PARTES DE MODELO**.

Clique num **componente de modelo** para o editar. O nome indica o tipo de componente.

Com **Adicionar novo padrão > Adicionar nova parte de modelo**, pode criar partes de modelo.

A vantagem das **partes do modelo** é que pode concentrar-se melhor na apresentação de uma peça. Isto significa que não tem de lidar com a apresentação completa de uma página Web.

Editar a página inicial, o modelo e as partes do modelo

As alterações entram em vigor imediatamente quando guarda um modelo.
Para o repor, vá a **Modelos > Todos os modelos**. Em seguida, vá até aos
três pontos e selecione **Repor**.

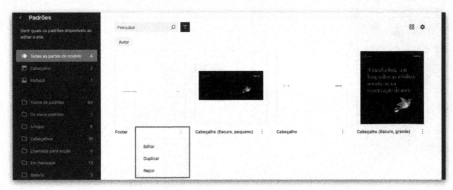

Por exemplo, vai editar um modelo. Vá para **Editor > Modelos**.
Clique no modelo **Artigo único**.

O objetivo é substituir o cabeçalho e o rodapé por um modelo.
Em seguida, edite a meta informação: data, autor e blocos de categoria
diretamente abaixo do título.

Personalização do cabeçalho e do rodapé:

1. Utilize a **Vista de lista** e selecione o **Grupo** no **Cabeçalho**.
2. Clique no ícone **+** e selecione **Padrões**.
3. Selecione a categoria **Cabeçalhos**.
4. Selecione *Cabeçalho só de texto com uma breve descrição e fundo*.
5. Selecione o cabeçalho antigo e **elimine-o**.
6. Altere a cor do texto e das hiperligações para branco.

Faça o mesmo para o Rodapé, utilize **Alterar a cor do texto e das hiper-ligações para branco**.

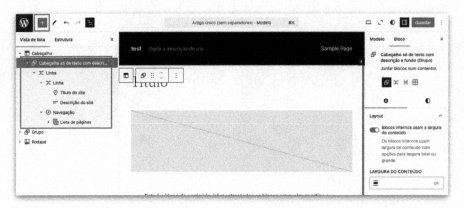

Em seguida, coloque as meta-informações por baixo do título. **Selecione e arraste** a **Linha** de **Meta informação** diretamente abaixo do Título.

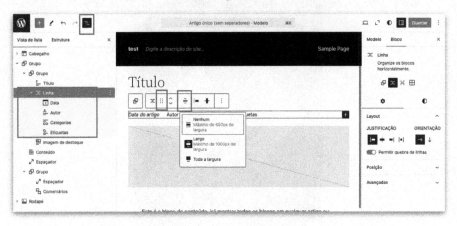

A ferramenta **Vista de lista** pode ajudá-lo a fazer isso. De seguida, defina a largura como **Largo**. Clique em **Guardar** e pré-visualize um elemento.

Se quiseres saber mais sobre **layouts**, **Full Site Editing** e criação de **temas de blocos**, lê o livro **WordPress Gutenberg** e **WordPress Tema do bloco**.

Nota **Active** o tema **Twenty Twenty-One**, pois vai precisar dele para o capítulo *AJUSTAR RODAPÉ*.

PERSONALIZAR O RODAPÉ

O rodapé é um elemento do site situado na parte inferior do tema. No rodapé do **Twenty Twenty-One**, encontrará o título do site e o texto "Powered by WordPress" ou "Proudly powered by WordPress".

Pode personalizar o rodapé sob o capot.

1. Ativar o tema Twenty Twenty-One.
2. Vá para **Painel > Apresentação > Editor de ficheiros de temas**. Aparecerá uma **janela pop-up**. Clique no botão **Compreendo**. Ser-lhe-ão mostrados os ficheiros PHP.

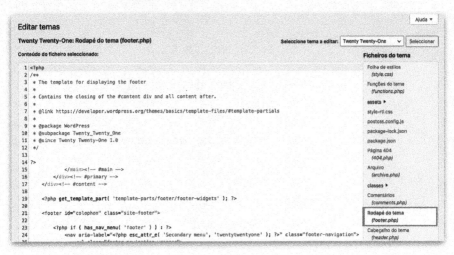

A coluna da direita mostra todos os ficheiros do tema.

3. Clique em **Theme footer** (footer.php), na coluna da direita. Dica: faça primeiro uma cópia de segurança do código. Copie o código e cole-o num ficheiro de texto. Na janela, pode editar o ficheiro.

```
57      <?php
58      if ( function_exists( 'the_privacy_policy_link' ) ) {
59          the_privacy_policy_link( '<div class="privacy-policy">', '</div>' )
60      }
61      ?>
62
63      <div class="powered-by">
64          <?php
65          printf(
66              /* translators: %s: WordPress. */
67              esc_html__( 'Proudly powered by %s.', 'twentytwentyone' ),
68              '<a href="' . esc_url( __( 'https://wordpress.org/', 'twentytwei
69          );
70          ?>
71      </div><!-- .powered-by -->
72
73      </div><!-- .site-info -->
74  </footer><!-- #colophon -->
75
```

4. Remova o script entre as seguintes etiquetas
   <?php y **?>** linhas 65 a 69.

5. Colocar as novas informações entre estas duas etiquetas:
   <?php

```
print "Carpe Diem - "; echo date('D, d, M, Y');
```

   ?>

6. O hífen após "Carpe Diem - " gera a data atual.

   ('D, d, M, Y') = dia, algarismo, mês e ano. Se pretender, elimine

```
62
63      <div class="powered-by">
64          <?php
65          print "Carpe Diem - "; echo date('D, d, M, Y');
66          ?>
67      </div><!-- .powered-by -->
68
```

   uma das letras para ajustar a data.

   Dica: repara nas aspas. "erro" - 'direito' .

7. Clique no botão **Atualizar ficheiro** e visualize o site.

Este exercício mostra onde ir para modificar um ficheiro de tema. Infelizmente, quando ocorre uma atualização do tema, a modificação é restaurada.

Se quiser fazer uma alteração permanente, deve criar um **Child Theme** do tema original. Este é uma espécie de cópia do tema original.

Se utilizar um tema de bloco (consulte o capítulo *TEMA DE BLOCO*), pode utilizar o Editor de Sites. Assim, já não é necessário modificar um ficheiro PHP para este fim.

Se gosta de modificar código por baixo do capot ou quer saber como criar um tema filho, consulte o seguinte livro:
WordPress - Avançado.

UTILIZADORES

No WordPress, é possível dar acesso a diferentes utilizadores para administrar um site Web. A atribuição de diferentes permissões aos utilizadores dá-lhes acesso total ou limitado.

Criar utilizadores:

1. Aceda a **Painel > Utilizadores > Adicionar novo utilizador**.
   Crie um novo utilizador.
   Certifique-se de que preencheu os campos obrigatórios.

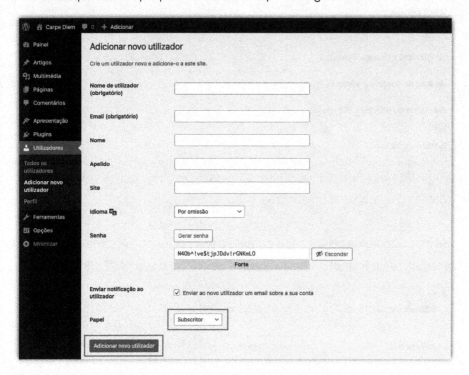

2. Atribuir um **perfil** (permissões) a um utilizador antes de adicionar o **novo utilizador**.

Visão geral dos diferentes perfis:

	Assinante	Contribuidor	Autor	Editor	Administrador
Ler artigos	•	•	•	•	•
Comentários	•	•	•	•	•
Editar ou eliminar artigos		•	•	•	•
Publicar artigos			•	•	•
Carregar e gerir ficheiros multimédia			•	•	•
Editar, eliminar ou publicar artigos e páginas				•	•
Gestão de categorias				•	•
Gestão das observações				•	•
Gestão de plugins e widgets					•
Adicionar ou apagar utilizadores					•
Gestão de tópicos					•

Sugestão: Se pretender colaborar com mais pessoas, pense cuidadosamente na função dos utilizadores.

Se introduziu uma senha fraca durante a instalação do WordPress, pode alterá-la. Vá a **Painel > Utilizadores** e selecione o seu perfil para a alterar.

Gestão da conta

Nova senha   Definir nova senha

Sessões   Fechar a sessão em todas as outras localizações

Perdeu o seu telefone ou deixou a sua conta aberta num computador pú

PLUGINS WORDPRESS

A implementação de funções adicionais no WordPress é feita, entre outras coisas, através de plugins. Pode pensar neles como programas adicionais integrados no sistema. Falta-lhe alguma coisa, como um formulário de correio eletrónico, uma galeria de fotografias ou a otimização dos motores de busca? Pode adicioná-lo com um plugin.

Existe uma grande variedade disponíveis, mas é importante ter cuidado para não abusar deles. Utilize-os apenas quando for realmente necessário. A utilização excessiva de plugins pode causar conflitos, tornar o site Web mais lento e aumentar as vulnerabilidades de segurança. Por isso, recomendamos que faça o seu trabalho de casa antes de instalar um plugin.

Descarregar plugins

A partir deste endereço, pode ver e descarregar plug-ins do WordPress: **http://wordpress.org/plugins**.

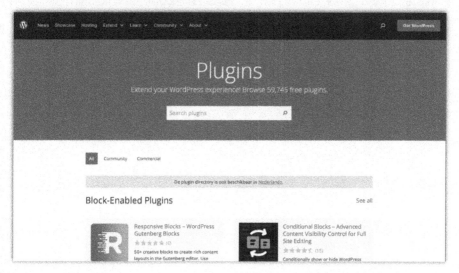

O plugin certo

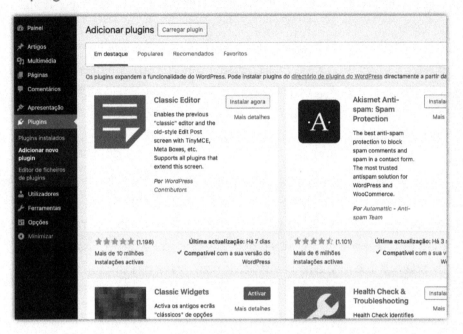

Os plugins podem ser encontrados dentro e fora do sistema. Depois de encontrar um plugin, é fácil instalá-lo. Verifique cuidadosamente as informações e faça as seguintes perguntas antes de utilizar um plugin:

- O plugin recebeu uma boa classificação (classificação ***).
- O plugin é fácil de utilizar, tanto para os utilizadores como para os visitantes?
- O plugin faz o que diz que deve fazer?
- O plugin é compatível com a versão atual?
- Quantas instalações activas existem?
- O site ficou mais lento após a ativação de um plugin?

Um plugin não corresponde às suas expectativas?
Remova-o o mais rapidamente possível e procure uma alternativa.

Instalar o plugin

Aceda ao **Painel > Plugins > Adicionar novo plugin**.

No **campo de pesquisa**, escreva *Contact Form 7*.
Clique em Mais detalhes para obter mais informações.

Em seguida, clique em **Instalar** agora e depois em **Ativar**.

Quer saber quais os plugins que tem instalados?
Então vá para: **Painel > Plugins**.

Configure o plugin, vá a **Painel > Contacto**. Esta secção foi adicionada ao seu Painel de Controlo. Aqui encontrará informações sobre como personalizar e utilizar o formulário, entre outras coisas.

O plugin também pode agora ser encontrado no editor de blocos. Vá para uma página e clique no ícone + (canto superior esquerdo). Selecione **WIDGETS > Contact Form 7**. Em seguida, selecione *Formulário de Contacto 1* e clique no botão **Guardar** ou **Atualizar**.

Também pode procurar plugins neste endereço: wordpress.org/plugins.
É necessário descarregar o ficheiro antes de o **carregar** e **instalar**.
O ficheiro descarregado é um ficheiro comprimido (**.zip**).

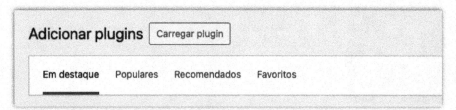

Aceda a **Painel > Plugins > Adicionar novo plugin**.

O botão **Carregar plugin** permite-lhe instalar um plugin em formato **zip**.

Remover o plugin? Aceda a **Painel > Plugins > Plugins instalados**.

Primeiro, **Desactive** um plug-in.

Depois, **Eliminar**.

O Contact form 7 é um plugin útil. Se precisar de mais campos de formulário, recomendo outro plugin. No capítulo Formulário, vamos criar um formulário alargado. Por conseguinte, recomenda-se a desativação do plugin Contact Form 7.

Plugins favoritos

Se pretender utilizar regularmente determinados plug-ins, pode defini-los como favoritos em WordPress.org. Isto faz com que através de:

Painel > Plugins > Novo plugin > Favoritos para os encontrar rapidamente. Basta registar-se primeiro em WordPress.org:

http://wordpress.org/support/register.php.

No próximo capítulo, mostrarei alguns plugins úteis.

Akismet

O WordPress oferece, por defeito, o plugin **Akismet**. Se permitir que os visitantes do seu site Web comentem os seus artigos, este plugin protege-o de spam nos comentários. Se quiser utilizar o Akismet, active o plugin e utilize uma chave API. Pode solicitá-la **gratuitamente**.

Para solicitar a chave da API, aceda a https://akismet.com/plans. Selecione **Get Personal**. Na janela seguinte, preencha os dados. Defina o controlo deslizante de contribuição para **zero** euros. Depois, clique em **Continue....**

Uma chave API ser-lhe-á enviada por correio eletrónico.

Ativar o Akismet e introduzir a chave API:
Aceda ao **Painel > Plugins**. **Ativar** o plugin Akismet.
Configure a sua conta Akismet. Nesta janela, utilize uma chave de **API**.
Clique no botão **Ligar** para concluir o processo.

Under maintenance

Este plugin permite-lhe bloquear um site Web para o público. Um utilizador com sessão iniciada pode ver o site. O plugin Under Maintenance que escolher depende, entre outras coisas, da sua apreciação e da facilidade de utilização. Tenha em atenção o número de descarregamentos do plugin.

Como exemplo, utilizo o plugin **LightStart – Maintenance Mode**.

Instalar

1. Vá ao **Painel > Plugins > Adicionar novo plugin**.
2. No campo de pesquisa, digite **LightStart - Maintenance Mode**.
3. **Instale** e **active** o plugin.

Depois de ativar o plugin, pode escolher um modelo gratuito.

Utilização

Depois de escolher um modelo, ser-lhe-ão apresentadas as definições. Estas podem ser encontradas em **Painel > LightStart**.

1. No separador **Geral**, selecione **Estado - Activado/Desactivado**.

2. No separador **Design**, pode editar a página ou escolher um modelo diferente.

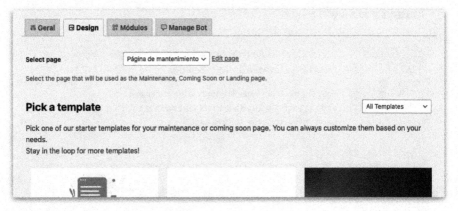

3. Clique no separador **Módulos**. Verá definições adicionais para alargar o plugin.

4. Clique no separador **Manage Bot**. Isso configura as etapas de chamada para solicitar endereços de email. Selecione **Activado/Desactivado**.

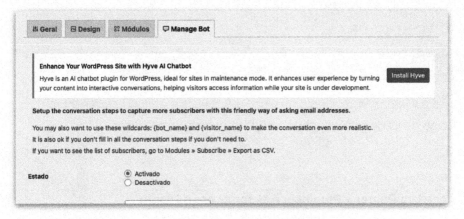

Em seguida, clique no botão **Guardar definições**.

5. Ver o seu site **noutro navegador**.

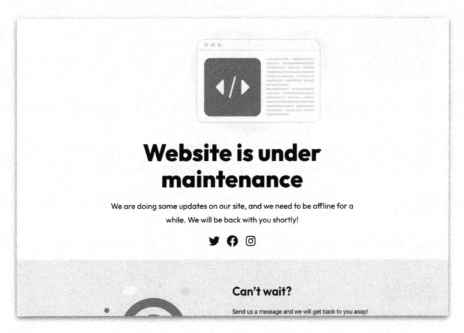

Google analytics

Se o site estiver registado no Google Analytics e pretender aplicar um código de ID de rastreio, pode fazê-lo com o seguinte plugin.

Instalar

Aceda a **Painel > Plugins > Adicionar novo Plugin**.
No campo de pesquisa, digite *Simple Universal Google Analytics*.
Instale e **active** o plug-in.

Simple Universal Google Analytics

Enable Universal Google Analytics tracking option on your WordPress site. Add tracking code to every page with WordPress Google Analytics plugin.

Por naa986

Instalar ahora

Más detalles

Utilização

Aceda a **Painel > Opções > Google Analytics**. Introduza o *código de ID de rastreio* no campo de texto e clique em **Guardar alterações**.

General Settings

Tracking ID

UA-12345678-9

Enter your Google Analytics Tracking ID for this website (e.g UA-35118216-1).

Guardar cambios

Formulário

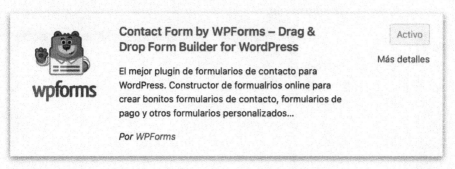

Contact Form by WPForms – Drag & Drop Form Builder for WordPress

Activo

Más detalles

El mejor plugin de formularios de contacto para WordPress. Constructor de formualrios online para crear bonitos formularios de contacto, formularios de pago y otros formularios personalizados...

Por WPForms

Se precisar de um formulário simples, utilize o **Contact Form 7**. Se quiser adicionar mais campos a um formulário, recomendo a utilização do plugin **wpforms**.

Instalar

Aceda a **Painel > Plugins > Adicionar novo Plugin**.

No campo de pesquisa, digite: wpforms. **Instale** e **active** o plugin.

Utilização

Vá para **Painel > WPForms > Add new**. Nome do formulário - **form 1**.

Em seguida, selecione **Simple contact form**.

Name Your Form	form1

Select a Template

To speed up the process you can select from one of our pre-made templates, start with a blank form or create your own. Have a suggestion for a new template? We'd love to hear it!

Q Search Templates		Blank Form	Simple Contact Form	Newsletter Signup Form
All Templates	1479			
Available Templates	60			
New Templates	267	The blank form allows you to create any type of form using our drag & drop builder.		Collect the email addresses of your website visitors and add them to your newsletter.
Business Operations	608			
Calculator	100		Use Template View Demo	
Customer Service	130			
Education	105			
Entertainment	69			

Foi criado um formulário. Adicione campos padrão.

Clique no botão **Checkboxes**.

No formulário, selecione as **checkboxes**.

Altere a **Label** (título) e as **Choices**. Neste caso, o título é *Cor favorita* e as opções são Vermelho, Amarelo e Azul. É possível mover o campo de escolha (à esquerda) agarrando-o e arrastando-o. Vá para o canto superior direito e clique no botão **Save** e depois na **cruz**.

Vá a **Painel > Páginas - Contacto** e clique no ícone ◼ + ◼ .

Vá a **Blocos > WIDGETS > WPForms** e selecione o **form 1**.

Clique no botão **Guardar** ou **Atualizar** e veja a sua página.

O formulário não chega

WP Mail SMTP by WPForms – The Most Popular SMTP and Email Log Plugin

Facilita el envío de correo electrónico de WordPress. Conecta con SMTP, Gmail, Outlook, SendGrid, Mailgun, SES, Zoho y más. Valorado como el plugin de correo electrónico SMTP nº 1 para WordPress.

Por WP Mail SMTP

Instalar ahora

Más detalles

O Wordpress envia correio diretamente a partir do servidor Web. Se um site Web estiver alojado num servidor a partir do qual é enviado spam, é provável que seja bloqueado pelos filtros de spam. Um administrador não recebe quaisquer mensagens, visitantes ou correio de confirmação.

Para resolver este problema, pode utilizar o plugin **WP Mail SMTP**. Com este plugin, as mensagens são enviadas através do protocolo SMTP. Uma mensagem deixará de ser marcada como spam.

Instalar

Aceda a **Painel > Plugins > Adicionar novo Plugin**. No campo de pesquisa, escreva: *WP Mail SMTP*. **Instale** e **active** o plugin.

Utilização

Vaya a **Painel > WP Mail SMTP**.

General	Email Log	Alerts	Additional Connections	Smart Routing	Email Controls	Misc

No separador **Geral**, escolha um Mailer. Utilize o endereço de correio eletrónico e os dados SMTP do seu domínio. Recebeu-os do seu fornecedor de alojamento web depois de criar o alojamento. Na maioria dos casos, criou um endereço de e-mail a partir de um **painel de controlo administrativo**. Consulte o capítulo *Instalar o WordPress*.

1. **E-mail** do remetente: endereço de e-mail e nome do remetente.

2. **Mailer**: selecione *Other SMTP service*.

3. **Other SMTP**: por exemplo, *smtp.domain.com*.

   Encryption - None.

   Authentication - ON.

   SMPT user name e **password**.

Em seguida, clique no botão **Save Settings**.

Com este plugin, pode ter a certeza de que você e um visitante recebem uma mensagem de formulário.

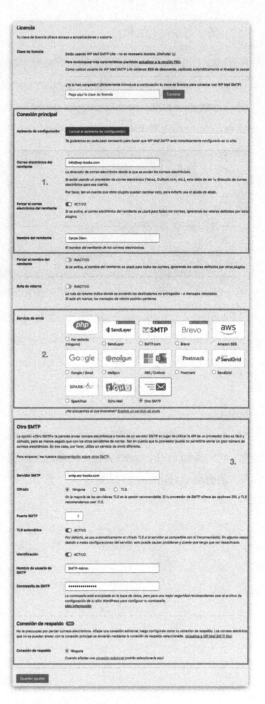

Gestão dos media

A biblioteca multimédia do WordPress não utiliza uma estrutura de pastas. Todos os ficheiros multimédia são apresentados numa única janela, onde só é possível selecionar por tipo de ficheiro. Com o plugin **FileBird**, é possível colocar os ficheiros em pastas.

FileBird – WordPress Media Library Folders

O FileBird é um plugin Freemium. Infelizmente, isto significa que não tem uma versão completa (Premium). A versão gratuita permite-lhe criar 10 pastas.

Instalar

1. Aceda a **Painel > Plugins > Adicionar novo plugin**.
2. No campo de pesquisa, escreva *FileBird*.
3. **Instale** e **active** o plugin.

FileBird – WordPress Media Library Folders & File Manager

Organiza con facilidad miles de archivos de medios de WordPress en carpetas/categorías.

Por Ninja Team

Instalar ahora

Más detalles

Utilização

Aceda a **Painel > Multimédia > Biblioteca**.

Clique no botão **+ Nova pasta** para criar uma pasta.

Em seguida, **arraste** e **solte** uma imagem na nova pasta.

O botão **Seleção em massa** permite-lhe colocar ou apagar uma seleção de imagens numa pasta.

Criar uma **subpasta** também é fácil. Crie uma nova pasta e arraste-a e largue-a numa pasta.

Para mover um ficheiro de uma pasta, selecione uma pasta e, em seguida, arraste o ficheiro para outra pasta ou para Sem categoria. A versão Lite permite-lhe criar 10 pastas.

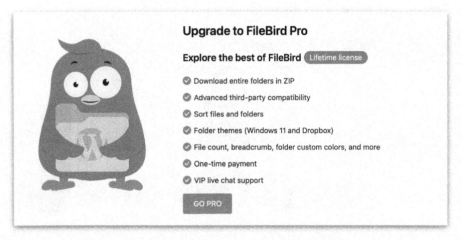

Se precisar de mais pastas, precisa de uma versão Pro.

Pode atualizar o plugin por $39.

ninjateam.org/wordpress-media-library-folders.

Ampliar a galeria

Se criou uma galeria WordPress, pode utilizar o plugin **Simple Lightbox** para garantir que uma galeria utiliza um efeito Lightbox. Este é um efeito em que pode clicar numa imagem para ver uma ampliação. A galeria também funciona como um carrossel deslizante.

Instalar

1. Aceda a **Painel > Plugins > Adicionar novo Plugin**.
2. Escreva no campo de pesquisa da **Simple Lightbox**.
3. **Instale** e **active** este plugin.

Para ativar o Lightbox em uma galeria, vá para uma página que contenha uma galeria. Consulte o capítulo *Galeria*.

O Simple Lightbox também funciona com imagens, botões e links.

Selecione o bloco **Galeria**, na barra de ferramentas, e certifique-se de que a galeria está ligada a um ficheiro de imagem.

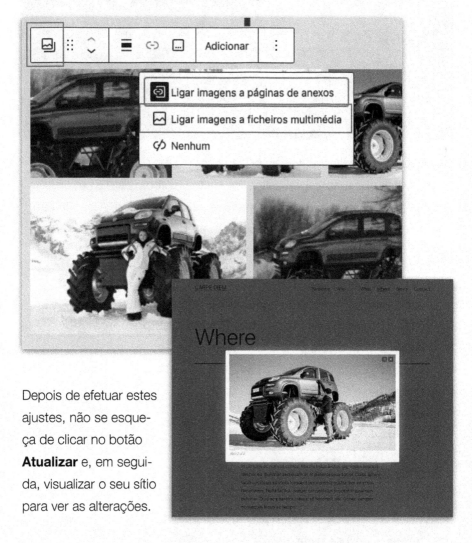

Depois de efetuar estes ajustes, não se esqueça de clicar no botão **Atualizar** e, em seguida, visualizar o seu sítio para ver as alterações.

Para a configuração, vá a **Painel > Apresentação > Lightbox**. Na parte inferior da página, pode traduzir as etiquetas de texto.

Definições de Lightbox

Activação

Activar funcionalidade Lightbox	☑ (Padrão: Activado)
Activar na página inicial	☑ (Padrão: Activado)
Activar em artigos	☑ (Padrão: Activado)
Activar em páginas	☑ (Padrão: Activado)
Activar em páginas de arquivo (etiquetas, categorias, etc.)	☑ (Padrão: Activado)
Activar para widgets	☐ (Padrão: Desactivado)
Enable for Menus	☐ (Padrão: Desactivado)

Agrupamento

Agrupar itens (para mostrar em apresentação)	☑ (Padrão: Activado)
Agrupar itens por artigo (p. ex. em páginas com múltiplos artigos)	☑ (Padrão: Activado)
Agrupar itens de galeria separadamente	☐ (Padrão: Desactivado)
Agrupar itens de widget separadamente	☐ (Padrão: Desactivado)
Group menu items separately	☐ (Padrão: Desactivado)

Interface do utilizador

Tema	Padrão (Light) ⌄
Redimensionar lightbox para se ajustar à janela	☑ (Padrão: Activado)
Activar animações	☑ (Padrão: Activado)

Depois, não se esqueça de clicar no botão **Guardar**.

Aumentar o tamanho da carga

Increase Maximum Upload File Size

Increase maximum upload file size limit to any value. Increase upload limit - upload large files.

Por Imagify

Instalar ahora

Más detalles

O tamanho máximo do ficheiro para carregamento é de 8 MB por defeito. Infelizmente, não é possível carregar um ficheiro de filme de, por exemplo, 10 MB. Utilizando um plugin, pode ajustar o tamanho do carregamento.

Instalar

1. Vá para **Painel > Plugins > Adicionar novo plugin**.
2. Digite *Increase Maximum Upload File Size* no campo de pesquisa.
3. **Instale** e **active** o plugin.

Utilização

Vaya a **Painel > Opções > Increase Maximum Upload File Size**.
Selecione um valor. Por exemplo, **64MB**.

Clique no botão **Guardar alterações**. Ver o tamanho do ficheiro.

Barras laterais personalizadas

Uma das primeiras perguntas que os alunos fazem: "Também posso utilizar barras laterais diferentes?". O plugin **Custom Sidebars** permite-lhe criar diferentes barras laterais com diferentes widgets.

Nota: O plugin é incompatível com o Editor de blocos de widgets do Gutenberg. Portanto, é aconselhável instalar o plugin **Classic Widgets** (*do WordPress Contributors*) antes de usar **Custom Sidebars**.

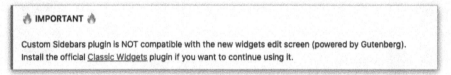

🔥 IMPORTANT 🔥

Custom Sidebars plugin is NOT compatible with the new widgets edit screen (powered by Gutenberg). Install the official Classic Widgets plugin if you want to continue using it.

Instalar

1. Aceda a **Painel > Plugins > Adicionar novo plugin**.
2. Digite *Custom Sidebars* no campo de pesquisa.
3. **Instale** e **active** o plugin.

Utilização

Aceda a **Painel > Apresentação > Widgets**.

Clique no botão **+ Criar uma nova barra lateral**.

Na nova janela, atribua um **Nome** e uma **Descrição** à nova barra lateral.
Em seguida, clique no botão Criar uma barra lateral.

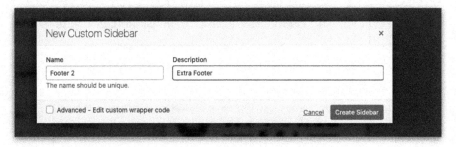

Depois de criar uma nova barra, vá a Footer 2 para adicionar novos wid-gets. Não é necessário guardar.

Em seguida, aceda a **Painel > Páginas**. Escolha uma página que preten-
da ligar à nova barra lateral. Na secção **Sidebars**, escolha **Footer 2**.
Em seguida, clique no botão **Guardar**.

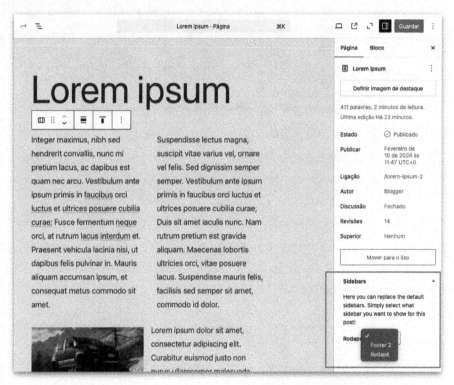

Certifique-se de que a página está incluída no menu. Visualize o site e clique no item de menu ao qual a página e a barra lateral estão ligadas.

Imagens de cabeçalho personalizadas

Também é possível utilizar diferentes imagens de cabeçalho. Para utilizar o plugin, o tema deve suportar imagens de cabeçalho. **Ativar** o tema **Maxwell**. O plugin funciona da mesma forma que o plugin Custom Sidebars.

A partir de uma página ou artigo, pode especificar a imagem de cabeçalho correspondente. Se a página for carregada, a imagem do cabeçalho será alterada em conformidade. Tenha em atenção que o plugin não é adequado para temas de blocos.

Instalar

1. Aceda a **Painel > Plugins > Adicionar novo plugin**.
2. Digite *WP Display Header* no campo de pesquisa.
3. **Instale** e **active** o plugin.

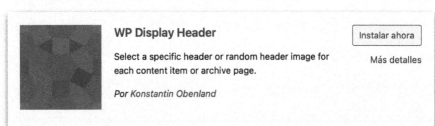

Importar novas imagens de cabeçalho

Agora, trata-se de incluir diferentes imagens de cabeçalho na biblioteca multimédia. Aceda a **Painel > Multimédia**. Clique em **Adicionar novo ficheiro multimédia**.

Importar várias imagens de cabeçalho. Sugestão: Certifique-se de que todas as imagens de cabeçalho têm a mesma altura.

O tema **Maxwell** especifica que uma imagem de cabeçalho pode ter 1200 × 400 pixéis. Depois de carregar a imagem, pode recortá-la para a ajustar perfeitamente.

Aceda a **Painel > Apresentação > Cabeçalho**.

Clique em **Adicionar novas imagens** e selecione o seu novo cabeçalho.

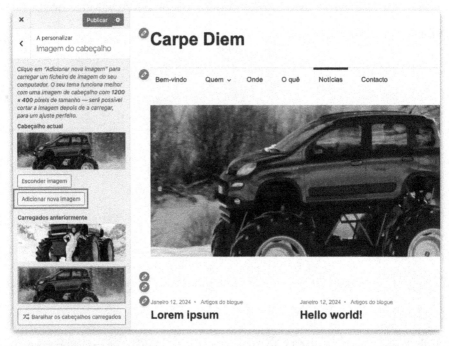

Pode pretender cortar a imagem do cabeçalho.

Neste caso, clique no botão **Selecionar e cortar**. As novas imagens de cabeçalho aparecem na coluna da esquerda. A propósito, também é possível utilizar uma nova imagem como cabeçalho predefinido, selecionando-a. Também é possível que as imagens de cabeçalho sejam apresentadas de forma aleatória. Clique no botão **Publicar**.

Utilização

Aceda a **Painel > Páginas**. Clique numa página. Na secção **Header**, na parte inferior da página, selecione a imagem de cabeçalho correspondente.

Em seguida, clique no botão **Guardar**.

Se a página estiver incluída na barra de navegação, a nova imagem de cabeçalho é apresentada depois de o visitante clicar nela.

COPIA DE BACKUP

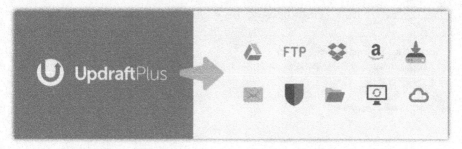

Um fornecedor de alojamento web faz cópias de segurança regulares do seu site web. Se não quiser depender disso, pode utilizar o Plugin **UpdraftPlus WordPress Backup**. Com este plugin, pode criar as suas próprias cópias de segurança de forma rápida e fácil.

Além disso, pode reverter facilmente para uma versão anteriormente guardada. Utilizando as definições, pode especificar onde pretende guardar uma cópia de segurança. Pode ser na nuvem ou no seu próprio computador.

Instalar

1. Aceda a **Painel > Plugins > Adicionar novo Plugin**.
2. Digite *UpdraftPlus WordPress Backup...* no campo de pesquisa.
3. **Instale** e **active** o plugin.

UpdraftPlus: WordPress Backup & Migration Plugin

Backup, restoration and migration - world's most popular backup tool. Backup to the cloud - schedule backups or backup manually.

Por UpdraftPlus.Com, DavidAnderson

Instalar ahora

Más detalles

UpdraftPlus

Utilização

Aceda a **Painel > UpdraftPlus**. Para fazer uma cópia de segurança manual, clique no botão **Backup Agora**.

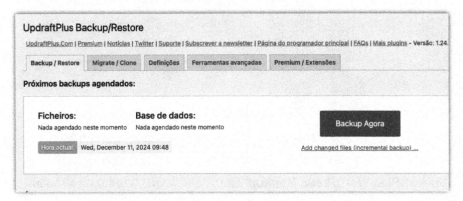

Aparecerá uma janela pop-up. Isto indica que está a ser feita uma cópia de segurança da base de dados e dos ficheiros. Em baixo, pode indicar que a cópia de segurança pode ser eliminada manualmente.

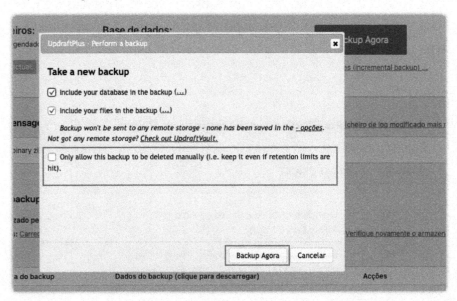

Copie as definições e clique no botão **Fazer uma cópia de segurança agora**. Será guardada uma cópia de segurança. O botão **Restaurar** permite-lhe reverter para uma versão anterior.

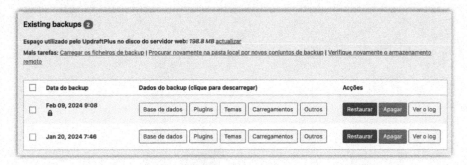

Se pretender guardar uma cópia de segurança no seu próprio computador ou na Nuvem, clique no separador **Definições**. A partir daqui, pode especificar onde será guardada a próxima cópia de segurança.

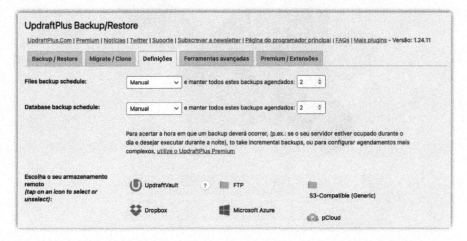

A versão gratuita apenas permite a realização de cópias de segurança manuais. Se pretender utilizar a versão completa, que permite, entre outras coisas, a realização de cópias de segurança automáticas, pode atualizar o plugin para uma versão premium.
Mais informações sobre o plugin: *https://updraftplus.com*.

SEGURANÇA DO SÍTIO WEB

O WordPress é um sistema seguro e amplamente testado. No entanto, de tempos a tempos, acontece que um site WordPress é pirateado. Isto deve-se frequentemente à segurança do alojamento, a vulnerabilidades nos plugins, a nomes de utilizador e palavras-passe fracos ou à utilização de uma versão antiga do WordPress.

O **Solid Security** permite-lhe acrescentar segurança adicional a um site Web. Pode colmatar potenciais vulnerabilidades, combater ataques automatizados e reforçar o procedimento de início de sessão.

Instalar

1. Aceda a **Painel > Plugins > Adicionar novo plugin**.
2. Introduza no campo de pesquisa *Solid Security*.
3. **Instale** e **active** o plugin.

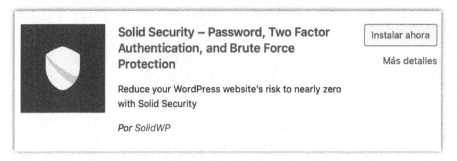

Aceda a **Painel > Security**. Utilizando um procedimento de instalação, é possível proteger o site Web.

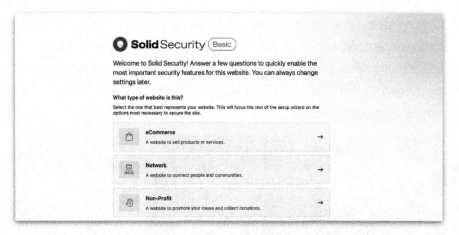

Escolha o tipo de site e responda a todas as perguntas. Quando o processo estiver concluído, o site Web estará protegido.

Poderá então ver um resumo.

Aceda a **Painel > Security > Settings** para utilizar outras funções.

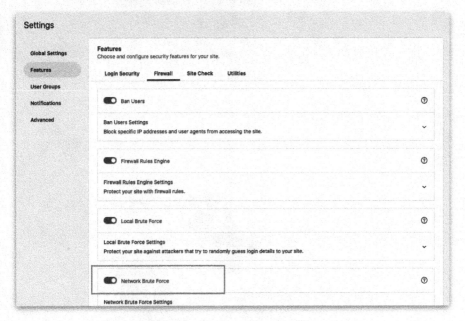

Em **Features > Firewall**, active Network Brute Force Protection.

O botão **Help** mostra-lhe explicações adicionais sobre como utilizar as funções de segurança.

Se pretender utilizar uma ou mais funções, clique no botão **Enable** e, em seguida, pode configurar uma opção.

Se pretender utilizar plenamente este plugin, necessita da versão Pro. Pode atualizar o plugin por $99 por ano.

Mais informações: *https://solidwp.com/security*.

MIGRAÇÃO DE UM SÍTIO LOCAL PARA A INTERNET

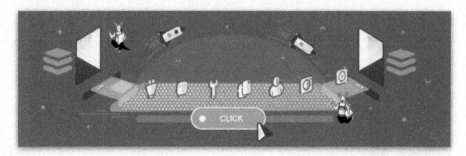

Utilizando um servidor Web local, como o LOCAL ou o MAMP, tem um site WordPress no seu próprio computador. O plugin **All-in-One WP Migration** permite-lhe mover um site Web. Neste capítulo, **exporta** um site WordPress local e, em seguida, **importa-o** para um site WordPress online (remoto). Este método também funciona no sentido inverso.

O ficheiro utilizado para exportar o site Web é também uma cópia de segurança do site Web.

Instalar

1. Aceda a **Painel > Plugins > Adicionar novo plugin**.
2. Escreva no campo de pesquisa *All-in-One WP Migration*.
3. **Instale** e **active** o plugin.

All-in-One WP Migration   Instalar ahora

Mueve, transfiere, copia, migra y haz copia de seguridad   Más detalles
de un sitio con un solo clic. Rápido, fácil y fiable.

Por ServMask

Sítio de exportação

1. Aceda a **Painel > All-in-One WP Migration**.
   Clique no botão **EXPORTAR PARA**. Escolha a opção **Ficheiro**.

2. O ficheiro está a ser analisado. Por favor, aguarde...

3. Clique no botão verde **DESCARREGAR** ....

4. O ficheiro de exportação com a extensão .**wpress** está localizado na pasta Downloads.

Importar site

1. Aceda ao seu fornecedor de alojamento web (por exemplo, Ionos) e instale um novo site WordPress utilizando o instalador Apps.

2. No novo site WordPress, instale e active o plugin **All-in-One WP Migration**.

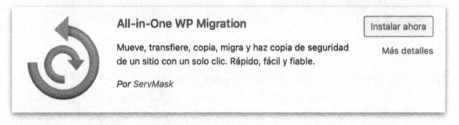

3. Aceda a **Painel > All-in-One WP Migration > Importar**.
4. Clique em **IMPORTAR DE** e escolha a opção **Ficheiro**. Selecione o ficheiro **.wpress** ou arraste o ficheiro para a moldura de carregamento.

Dica: se o sítio for demasiado grande para importar, instale também o plugin: **All-in-One WP Migration Import**.
Pode descarregar o plugin adicional aqui:
https://import.wp-migration.com

5. O ficheiro é importado.

6. Aparece uma mensagem adicional.

7. Clique em **Continuar**. O site foi importado com sucesso.

8. Ler a mensagem. Isto significa que tem de guardar as **Ligações permanentes**. Clique em **Concluir**.

Em seguida, inicie novamente a sessão.

9. **Nota** Utilize os dados de início de sessão do seu site importado.

10. Aceda a **Painel > Opções > Ligações permanentes**. Escolha a opção **Nome do artigo**.

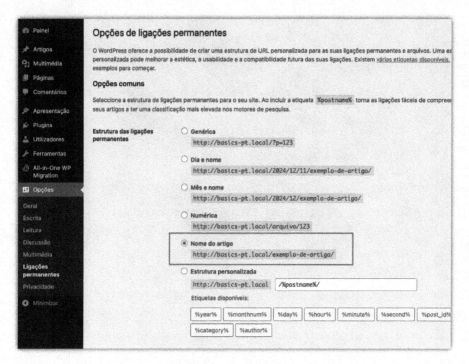

11. Clique no botão **Guardar alterações**.

Parabéns, o seu site WordPress foi importado com êxito.

Dica: exporte regularmente um ficheiro **.wpress**.

É também uma cópia de segurança do site.

OPTIMIZAÇÃO DOS MOTORES DE BUSCA

Depois de ter concluído um site Web, pretende que este seja bem encontrado pelos motores de busca. Neste caso, pode utilizar um plugin SEO. SEO significa Search Engine Optimisation (otimização para motores de busca). Um dos plugins de SEO que não pode ignorar é o Yoast SEO.

Instalar

1. Aceda a **Painel > Plugins > Adicionar novo plugin**.
2. Digite *Yoast SEO* no campo de pesquisa.
3. **Instale** e **active** o plugin.

Yoast SEO

Mejora el SEO de tu WordPress: escribe mejor contenido y ten un sitio WordPress totalmente optimizado utilizando el plugin Yoast SEO.

Por Team Yoast

Instalar ahora

Más detalles

Utilização

Uma vez ativado o plugin, depara-se com muitas opções. Felizmente, o criador tem um guia claro online. Ver: https://yoast.com/wordpress-seo. Vou resumir brevemente a forma de utilizar este plugin.

Ligações permanentes

Asegúrese de que su enlace permanentes está actualizado.

Vaya a **Painel > Opções > Ligações permanentes**.

En **Ajustes comunes**, elija **Nombre de la artigo**.

WWW ou não WWW

www.site.com e **site.com** são dois URLs diferentes também para o Google. Como pode saber se o seu site Web usa www ou não usa www? Escreva o seu endereço sem www à frente. Se o site carregar com www na barra de endereço, escolha um URL com www. Se não tiver www no endereço e quiser tê-lo, contacte o seu fornecedor de alojamento Web.

Aceda a **Painel > Opções > Geral**.

Em (URL), indique se utiliza ou não a www.

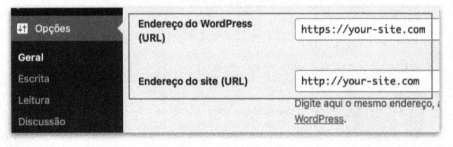

Regras de SEO

Antes de avançar, é útil saber um pouco mais sobre SEO. Há algumas regras que deve conhecer. Se seguir estas regras, é provável que um motor de busca consiga encontrar melhor o seu site Web. Um plugin não garante que o seu site Web seja encontrado. É apenas uma ferramenta que garante que o conteúdo está em ordem.

Título e páginas do site Web

Uma parte importante para ser encontrado é o **título** do seu **site** e das suas **páginas**. Este é apresentado na parte superior do navegador e como texto de ligação no Google.

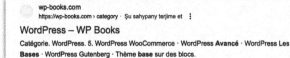

- ▸ Orientação: 65 caracteres no máximo (espaços incluídos).
- ▸ Utilize um apelo à ação ou faça uma pergunta.
- ▸ Preceda a sua palavra-chave ou termo de pesquisa mais importante.

Descrição do objetivo

Outra parte de ser encontrado é a **descrição** do site e das páginas subjacentes. É apresentada no Google por baixo do título.

- ▸ Breve descrição do site/página.
- ▸ Orientação: 150 caracteres no máximo (espaços incluídos).
- ▸ Tem como objetivo aumentar a CTR (taxa de cliques).
- ▸ Utilizar palavras-chave.
- ▸ Não é necessário utilizar frases completas.

Palavras-chave

Estas são as palavras com que quer ser encontrado. Limite-se a 10 pala-vras-chave ou combinações de palavras-chave. O Google não presta atenção às palavras-chave, mas os outros motores de busca sim.

Utilização

Não utilize o assistente de instalação. Clique em **Ignorar**.

Em seguida, vá para **Painel > Yoast SEO > Geral**.

Na janela, verá 2 separadores **Painel** e **Configuração inicial**.

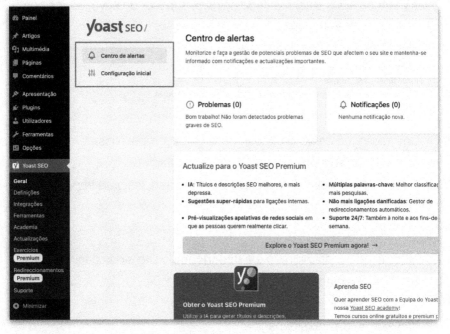

Neste livro, usaremos as configurações padrão do **Yoast Dashboard**.

Se você quiser usar as configurações avançadas, vá para **Painel > Yoast SEO > Definições**. Lá você encontrará mais informações sobre os diferentes recursos.

Com o ícone **?** (canto inferior direito), pode obter mais informações sobre as diferentes definições.

Páginas e artigos

Aceda a **Painel > Páginas**. Clique na **Página inicial**. Na parte inferior da página está **Yoast SEO**. É aqui que pode incluir ou editar informações como o **título**, a **descrição** e as **palavras-chave**.

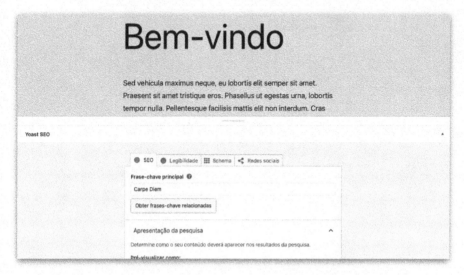

A **pré-visualização** do Google permite-lhe ver o resultado.

No campo **Titulo SEO** e **Descrição**, pode ajustar a informação. A barra de cores abaixo indica se a informação foi introduzida de acordo com as normas de SEO.

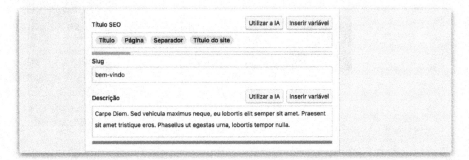

Em **Frase-chave principal** alvo, pode colocar palavras-chave. Estas são as palavras pelas quais o seu site pretende ser encontrado. Em **Análise de SEO**, ser-lhe-ão apresentadas dicas. Com estas, pode ajustar as palavras-chave.

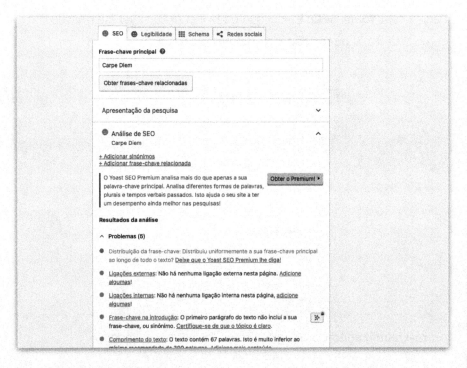

Em **Avançadas**, pode especificar se uma página deve ou não ser rastreada por um motor de busca.

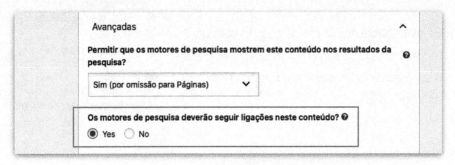

É bom indicar quando uma página não deve ser seguida. Desta forma, saberá quais as partes do seu site Web que são mais importantes.

Clique no separador **Legibilidade**. Esta secção dá-lhe mais informações sobre como melhorar a legibilidade da página.

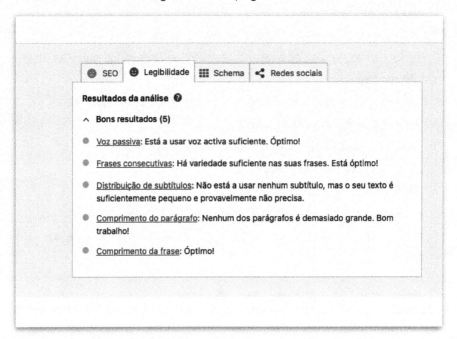

Quando tiver terminado de introduzir as informações de SEO, não se esqueça de clicar no botão **Atualizar**.

Se tiver introduzido tudo de acordo com as regras de SEO, o semáforo está **verde**. Se o semáforo estiver **vermelho**, repita todas as instruções.

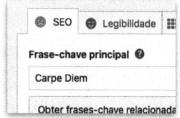

Mais dicas de SEO

▸ Submeter o site Web aos motores de busca.

Por exemplo, *http://www.google.nl/intl/nl/add_url.html*.

▸ Quanto mais ligações de sites Web para o seu, melhor o seu site será encontrado.

▸ As ligações de um site Web com um pagerank elevado aumentam o seu próprio pagerank.

▸ Faça uma lista de palavras pelas quais o seu site Web deve ser encontrado. Coloque estas palavras no título. Pode usar várias palavras, mas não demasiadas.

▸ Coloque palavras relevantes nos títulos e subtítulos do site Web.

▸ Para os subtítulos, utilize o cabeçalho 2.

▸ Coloque palavras-chave relevantes no texto do site Web.

▸ Utilize texto e não imagens de texto.

▸ Dê um nome claro às suas imagens (não: DCIM34262.jpg).

▸ Certifique-se de que o site Web carrega rapidamente.

Verificar o site: *http://developers.google.com/speed/pagespeed/insights*.

O plugin Yoast SEO é apenas uma ferramenta que torna um site Web mais bem indexado pelos motores de busca. Não garante que o seu site web seja classificado nas primeiras posições. Não se deixe levar pelo semáforo. Verde é bom, laranja é bom. Se quiser estar no topo de uma lista de pesquisa, utilize o Google Ads e o seu cartão de crédito.

PRIVACIDADE E COOKIES

Se recolher dados de utilizadores com um site Web, ao abrigo da legislação europeia em matéria de privacidade RGPD, é legalmente obrigado a divulgar o que acontece a esses dados. GDPR significa Regulamento Geral sobre a Proteção de Dados. Em inglês, **G**eneral **D**ata **P**rotection **R**egulation (GDPR). Ao incluir uma Declaração de Privacidade num site Web, é possível informar os visitantes e solicitar o seu consentimento para a colocação de cookies.

Após uma instalação normal do WordPress, foram criadas várias páginas, incluindo uma página de Política de Privacidade.
Esta página está parcialmente concluída e pronta a ser utilizada.

Se quiser saber exatamente o que uma página do RGPD deve cumprir, consulte o site Web de um concorrente. Basicamente, trata-se de especificar exatamente o que acontece a esses dados. Por exemplo:

▸ Qual é o objetivo, por exemplo, enviar boletins informativos.
▸ Que dados são utilizados, por exemplo, endereços de correio eletrónico.
▸ Quem detém os dados.
▸ Estes dados são publicados?
▸ Que entidades têm acesso a estes dados, por exemplo, Google ou Facebook.
▸ Durante quanto tempo são conservados os dados.
▸ Como é que os dados serão protegidos, por exemplo, com um certificado SSL.
▸ Os clientes/utilizadores podem apagar os dados?

Se pretender utilizar a página predefinida da **Política de privacidade**, vá a **Painel > Opções > Privacidade**.

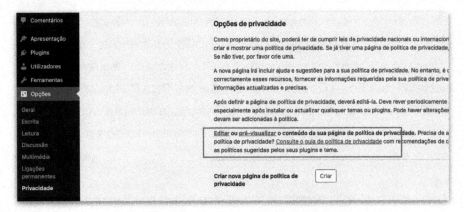

Clique na ligação *Consulte o nosso guia da política de privacidade*.
Existe uma versão em inglês visível e pronta a ser copiada.

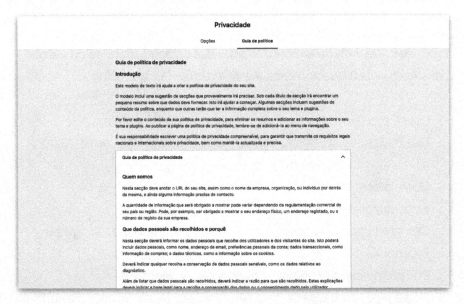

Copie lo que sea relevante. A continuación, vaya a **Painel > Páginas** y seleccione la página **Política de privacidad**. Sustituya el texto y añada información adicional cuando sea necesario.

De seguida, certifique-se de que a página é publicada.

Clique no botão **Publicar**.

Em seguida, coloque um link para a página no menu, no rodapé ou na barra lateral. O site Web tem agora uma Declaração de privacidade.

Plugin GDPR

Com um plugin **RGPD**, é possível informar os visitantes e pedir-lhes autorização para colocar cookies. Também é possível incluir uma hiperligação para uma declaração de privacidade.

Existem dois tipos de cookies:
Cookies **funcionais**, que são necessários para o funcionamento de um site Web, por exemplo, cookies do WordPress.
Cookies **analíticos** e de **marketing**, que são cookies de terceiros fornecidos, por exemplo, pelo Google ou pelo Facebook.

Dica, alguns plugins RGPD utilizam scanners de cookies. Isto significa que o plugin funciona em conjunto com plugins de rastreio, como o plugin do Google Analytics ou o pixel do Facebook.

Se não faz ideia dos cookies que o seu site Web utiliza, consulte um verificador de cookies em linha: *www.cookiemetrix.com*.

Instalar
1. Aceder ao **Painel > Plugins > Adicionar novo Plugin**.
2. Escreva Complianz - *GDPR/CCPA Cookie...* no campo de pesquisa.
3. **Instale** e **active** o plugin.

Complianz – GDPR/CCPA Cookie Consent

Configura tu aviso de cookies, el consentimiento de cookies y la política de cookies con nuestro asistente y el explorador de cookies. Compatible con el RGPD, DSGVO, TTDSG, LGPD, POPIA, GDPR, CCPA/C y ...

Por Really Simple Plugins

Instalar ahora

Más detalles

Utilização

Aceda a **Painel > Complianz > Assistente**. O Assistente guiá-lo-á através de uma série de passos para configurar o site Web.

Em **Geral > Visitantes**, especifique qual a lei de privacidade que pretende utilizar.

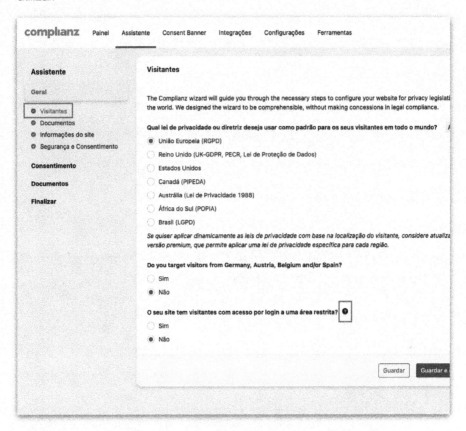

Há algumas coisas que o podem ajudar durante a configuração:

▸ Passe o cursor sobre os pontos de interrogação para obter mais informações.

▸ As notificações importantes aparecem na coluna da direita.

▸ Pode enviar um bilhete se precisar de ajuda.

Em **Geral > Documentos**, indique que páginas são utilizadas para a Política de Cookies, a Declaração de Privacidade e a Declaração de Exoneração de Responsabilidade.

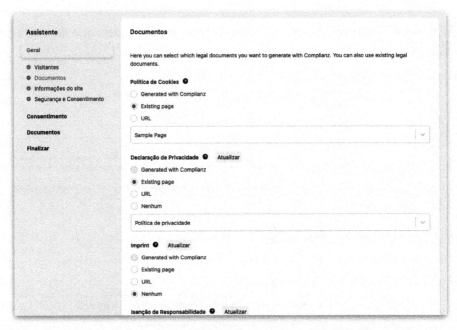

Em **Consentimento > Site scan**, verificar se há cookies no site Web. A verificação é repetida mensalmente para manter o site atualizado.

Em **Consentimento > Estatísticas**, é indicado se o Google Analytics é utilizado. É então possível introduzir o **ID de seguimento**. Nota: Não é necessário instalar um plugin adicional para o efeito.

Para mais informações, consultar: *complianz.io/docs*.

Desenho de bolachas

Aceda a **Painel > Complianz > Consent Banner**.

Nesta secção, pode conceber a faixa.

Em **Geral**, pode desativar a faixa e gerir o título, entre outras coisas.

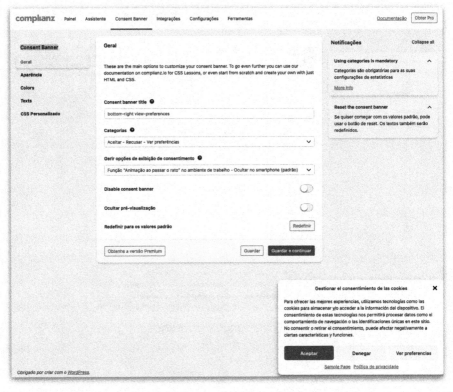

Aparecerá uma pré-visualização na janela inferior direita.

Em **Aparência**, especifica a posição e outras definições visuais, entre outras coisas.

Em **Cores**, pode ajustar a cor e o estilo.

Em **Texts**, pode personalizar o texto e a mensagem.

Em **CSS personalizado**, pode adicionar código CSS personalizado adicional.

SSL - SÍTIO SEGURO

Os navegadores de Internet avisam os visitantes se um site Web não tiver um certificado **SSL**. O seguinte texto aparece na barra de endereço Não seguro. Depois de instalar o WordPress, o seu site Web ainda não tem um certificado SSL, que significa **S**ecure **S**ockets **L**ayer. Isto cria uma ligação encriptada entre o servidor e o visitante.

Com http**s**:// na barra de endereço, sabe-se que um site Web é seguro. Também mostra um **ícone de cadeado**. Pode comprar um certificado SSL. Também pode utilizar um certificado gratuito (da *Let's Encrypt*).

A ativação do SSL só pode ser feita com a ajuda do seu fornecedor de alojamento Web. Neste caso, é utilizado o alojamento Web da IONOS. Se tiver um fornecedor de alojamento Web diferente, poderá ter de seguir um procedimento diferente.

1. Inicie sessão no **IONOS** e clique em **Domínios e SSL**.

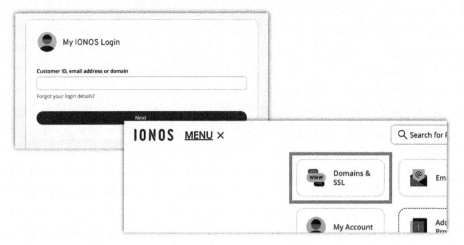

2. Clique no ícone do **cadeado vermelho** à esquerda do domínio que pretende proteger.

3. Selecione um certificado, por exemplo, **Free SSL Starter Wildcard**, e clique em **Ativar agora**.

4. No campo **Domínio**, selecione o **domínio** para o qual o **certificado SSL** deve ser emitido.

5. No menu pendente **Alterar utilização**, selecione **Utilizar com o meu Web site IONOS**.

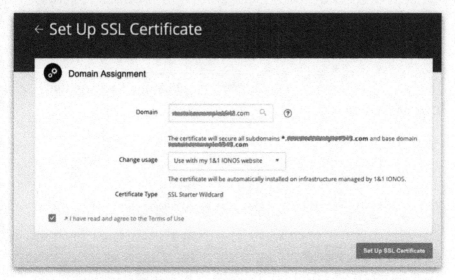

6. Verifique os **dados** da sua empresa e ajuste-os, se necessário. Certifique-se de que os dados de contacto técnicos e da empresa estão corretos.

7. Leia os termos de utilização e confirme-os assinalando a caixa de verificação. Em seguida, clique em **Configurar certificado SSL**.

Ativar o SSL no Wordpress

Depois de associar o certificado SSL a um nome de domínio, o sistema verifica automaticamente se existe um certificado disponível. A partir do WordPress, pode indicar que pretende utilizá-lo.

Para ativar o SSL a partir do WordPress, vá a **Painel > Ferramentas > Diagnóstico do site**.

A janela mostra que o site Web não utiliza HTTPS.

Clique no botão **Atualizar o seu site para utilizar HTTPS**.

Verifique o seu site Web e a barra de endereço.

Se a atualização não funcionar corretamente ou se estiver a utilizar uma versão mais antiga, pode sempre utilizar o plugin *Really Simple SSL*.

Ativar o SSL com um plugin

Instale e **active** o plugin *Really Simple SSL*.

Para ativar o SSL, vá a **Painel > Segurança**.
Clique em **Ativar SSL!** Reveja o seu sítio Web.

A sua barra de endereço apresentará agora um ícone de cadeado.

FINAL

Depois de ler este livro, terá adquirido conhecimentos suficientes para configurar um site WordPress de forma independente. Aprendeu como transformar o seu computador num servidor Web e como instalar e configurar o WordPress.

Viu o front end e o back end do WordPress.
Em seguida, ajustou o sistema e adicionou conteúdo a um site.

Com os plugins, adicionou mais funcionalidades. Com um tema, alterou o aspeto de um site sem perder qualquer conteúdo.

Em seguida, deu ao site funcionalidades adicionais relacionadas com a segurança, o AVG, os cookies, as cópias de segurança e a otimização dos motores de busca.

Uma vez terminada a configuração de um site local, pode mover o site para um anfitrião Web remoto, para que possa ser visualizado na Internet.

Como referi no início, este livro é prático e de aplicação imediata. Espero ter-lhe fornecido uma base sólida.

Divirta-se com o WordPress!

Informações sobre o WordPress:
wordpress.org.
pt.wordpress.org/support.

SOBRE O ESCRITOR

Roy Sahupala, especialista em multimédia

"Especialista em multimédia é apenas um título. Para além de criar produtos multimédia, dou formação em web design há mais de 25 anos e continuo a adorar quando as pessoas ficam entusiasmadas por conseguirem fazer muito mais em pouco tempo do que pensavam ser possível."

Depois de estudar design industrial, Roy formou-se como especialista em multimédia. Trabalhou depois em várias agências multimédia. Desde 2000, criou a sua empresa WJAC, With Jazz and Conversations. A WJAC oferece produtos multimédia a uma vasta gama de clientes e agências de publicidade.

Desde 2001, para além do seu trabalho, Roy dedica-se à formação e organizou vários cursos de web design em colaboração com diversos institutos de formação na Internet.

Livros sobre WordPress escritos por Roy Sahupala:

 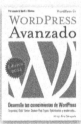   

wp-book.com.